結婚滅亡

超單身時

不婚是罪大惡極嗎？

荒川和久 著

序

結婚將會滅亡。

看到這句話，你有何想法？

「男女結婚生子繁衍後代」從有歷史紀錄以來就深深烙印在人類的基因裡，但時至今日這項準則有可能會消失。你是否憂心這種狀況真的發生了？即使你沒有這樣的想法，但近年來卻有更多的人因為日本的未婚、不婚現象日益嚴重，以及隨之而來的少子化、人口減少，而憂心忡忡、大聲疾呼：「國家要亡了」。也有人認為結婚這件事情並不會消失，但現行的婚姻制度已經跟不上時代了。關於這一點，我認為在法律等各種層面上遲早會做出改變。

本書所要探討的並不只是男女之間的婚姻關係，還包括了透過結婚制度所建立起的社會結構、經濟結構，以及人際關係。例如：因為結婚或生產而形成「家庭」這種社群，這就是一種在社會、經濟以及人際關係上都建構起安全感的結構。但這種「家庭能帶來安全感」的結構現在卻已搖搖欲墜。

認為「結婚生子是一個人的本分」的結婚派，與「結不結婚是個人自由，不要把過時的價值觀強加給別人」的單身派之間的對立，正說明了過去能給予安全感的家庭結構現已變得不再穩固。對立的二派彼此都想守護令自己感到安心的結構，衝突便產生了。

但話說回來，結婚或不婚、有家庭或單身的人真的容不下彼此嗎？

在最近的電視節目上經常可以看到用空拍機拍攝的畫面。過去，攝影器材都是掌握在攝影師手上的，除了某些大場面會出動吊車外，大部分的拍攝角度都和人的觀看視線基本上是一樣的。空拍機拍出來的畫面帶來了全新的感受，就算是再熟悉不過的風景從空中看下來也會展現出截然不同的樣貌，甚至讓人發現過去一直都不曾察覺到的事物。

這就和Google Earth的空拍圖一樣。

相信許多人從上空觀看理應再熟悉不過的自己的家時，也會有「原來是這樣啊」的感想。畢竟，平時不可能會從空中鳥瞰自己的家，會有這樣的感受也是很正常的事。庭院或是附近的道路也一樣，原本以為是一直線的道路說不定看了空拍圖後才發現其實是彎的。但無論如何，會有這種感受並不是因為自己的家或是周遭的景色改變了，只是觀看的角度不同而已。

有一種起司叫做「卡芒貝爾起司」。大多都是裝在圓形的容器裡販售的。裝盤後從正上方看的話，卡芒貝爾起司當然是圓形的；但如果從側面看的話就會像是長方形；切片時則會變成三角形。觀看的角度不同，形狀就會跟著改變。

人際關係也是一樣的道理。

假設你對上司鈴木先生的印象是沉著冷靜、重視理論、工作不會犯錯，是位值得信任的主管，只是在對人方面有些冷淡。雖然在你眼中鈴木先生是這樣的人，但或許鈴木先生的老婆卻覺得他是個熱情、情緒化，時常少根筋，連看小朋友的才藝表演也會感動到大哭的人。即使是同一個人，在不同的人眼中也有可能呈現截然不同的形象。

介紹了這些例子之後，再回到本書的主題——結婚。

社會上充斥著各種和結婚有關的資訊，像是未婚化、不婚化、年輕人對戀愛不感興趣、草食化、少子化、人口減少、日本史上前所未有的危機等等。但這些說法都是以單一的面向在進行觀察；從整個大局來看的話或許會有不一樣的結論。例如，有些人認為對戀愛不感興趣、草食化等年輕世代的個人價值觀改變，導致了未婚化、不婚化。應該有不少中年人都曾抱怨過現在的年輕人太沒出息了！

每個世代的中年人都說過相同的話，永遠都一樣。

無論是哪個時代，上一輩的人都會覺得下一代的年輕人沒出息、沒抗壓性、沒吃過苦，這是人類數千年來的傳統。

有一次我和腦科學家中野信子對談時，從她那裡學到了「成見威脅」這個詞。最容易理解的例子是所謂的「血型占卜」，也就是用血型來診斷一個人的性格。大部分的人都很相信這種診斷，但這是因為人往往會向診斷結果所說的性格靠攏。診斷結果說

A型的人個性一板一眼，於是A型的人便想表現得一板一眼；診斷說O型的人不拘小節，結果O型的人也真的變成這樣子了。

所謂的男性腦、女性腦也一樣。有種說法是：女人靠直覺做選擇，男人則用理性做選擇，這在行銷界還被當成是正確的知識流傳著。男女的身體構造的確不同，男性荷爾蒙和女性荷爾蒙也不一樣，且男女之間確實存在著某些顯著差異。但這些差異與其說是性別造成的，其實更偏向是「個體間的差異」。就像血型占卜那樣，「女生數學比較差」的說法聽多了，就會自己限制自己「數學不可以太好」，這也是一種「成見威脅」。男性也會遭遇「男人不可以示弱」之類加諸於男性的束縛。

這些想法全都大錯特錯。個體間的差異其實比性別所造成的差異更加重要。無論是前面提到的「現在的年輕人……」、「日本人奉行集體主義」的成見，或是覺得「一把年紀還沒結婚的男人一定是哪裡有問題」，都是相同的道理。

當事人往往會對這些先入為主的看法、偏見深信不疑，難以推翻。由於這類刻板印象的內容都很簡單易懂，因此很容易傳播。

回到未婚化的話題，「每個時代的年長者都覺得年輕人沒出息」其實不過是不同年齡層的觀點差異罷了。如果未婚化真的是年輕人的價值觀改變所導致的，那麼應該每個時代都有未婚化的問題才對。

未婚化並不是價值觀改變造成的。

但我的意思也不是人類的價值觀還和原始時代一樣，不曾改變過。某些價值觀的確因為經驗的累積、文明進步、科技發展等環境變化而產生了改變。在後面我也會說明日本到一九八〇年代為止一直都是絕大多數人都步入婚姻殿堂的「皆婚社會」，但這並不代表當時的年輕人都是情場得意的戀愛高手。

支撐起高度經濟成長期的「男主外，女主內」的角色分配也不是遠古時代就有的傳統。再進一步說的話，日本人的結婚比例也不是一直都那麼高的。也有人認為未婚化是泡沫經濟崩壞後，年輕人貧窮化所導致的。這種說法稱不上錯，但也不是唯一的原因。

日本將成為有五成單身人口的國家

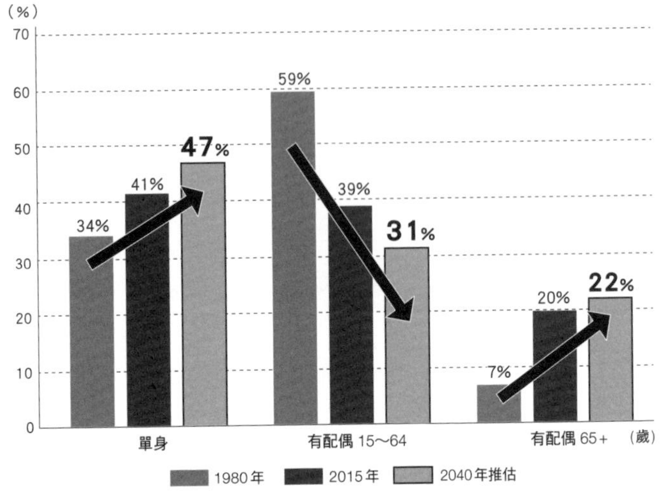

作者根據總務省「人口普查」及國立社會保障暨人口問題研究所「未來推估人口」製作而成。

假設未婚化使得「結婚滅亡時代」來臨，那麼原因也不該出在年輕人不談戀愛，或是年輕人變窮了；而是從結構上來看，在環境上有了更大的問題。

日本在二〇四〇年將迎來有五成單身人口（＝單身社會）的時代。這五成的單身人口不全都是未婚的人，其中還包括了離婚、喪偶造成的單身狀態。換句話說，二十年後的日本將因不婚、婚姻無法維持而出現五成的單身人口。

單身社會究竟是「絕望的未來」或是「希望的未來」，這取決於我們每一個人用什麼樣的觀點來重新看待婚姻、家庭和幸福。本書將放下過去舊有的狹隘思維，用更全面的視野及不同的觀點來探討不婚、婚姻無法維持等結構性的問題——也就是建立多元觀點。

只要觀點改變，在習以為常的風景中也會有新發現。

我認為，結不結婚、生不生小孩是無論什麼年齡、什麼性別，每個人都必須仔細思考的問題。希望本書能為各位帶來一些新的觀點，並與你的人生產生連結。

Contents

2章

「不婚」真的是罪大惡極嗎？

3章

結婚可以帶來幸福嗎？

4章

從頭探討「結婚」這件事

5章 何謂家庭

6章 不結婚也能活得安心

1 章

結婚的根基已經動搖

「結婚滅亡」等於「人類滅亡」嗎？

根據厚生勞動省二〇一九年六月公布的「平成三十（二〇一八）年人口動態統計（概數）」，二〇一八年的結婚數為全年58萬6438對（較前一年減少2萬428對），創下二戰後首度低於60萬對的最低紀錄；每千人的結婚率為4.7，同樣為一八九九年開始統計以來的最低數字。

結婚數最高的是一九七二年的109萬9984對，正好處於第二次嬰兒潮。如今的全年結婚數已比當時少了近一半。

結婚數減少、未婚化在日本被視為嚴重問題，是因為這與少子化的關係密切，而少子化則導致了人口減少。根據總務省二〇一九年四月公布的日本人口推估，包括外國人在內，二〇一八年十月日本的總人口為1億2644萬人，自二〇一一年以來連續七

圖1-1　到了2100年，日本將只剩下6,000萬人

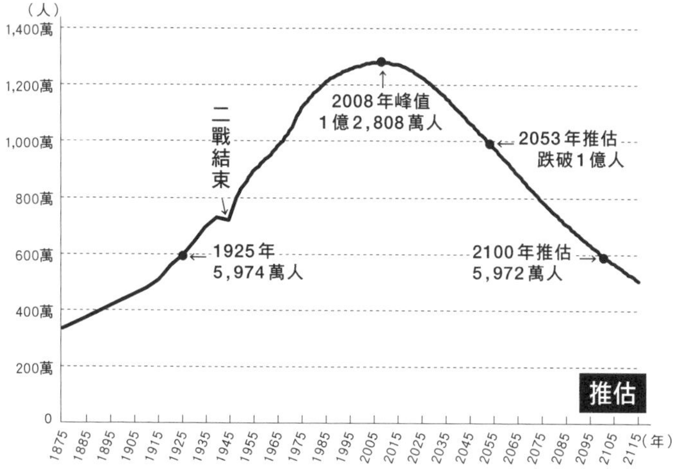

作者製作。2015年以前的資料來源為總務省「人口統計年報」，2016年起為社人研「2017年未來推估人口（出生中位數、死亡中位數推估）」。

年減少。人口減少已經是現在進行式，且日本的人口今後也將繼續減少。

根據國立社會保障暨人口問題研究所（社人研）推估，二一〇〇年時日本的人口將減少至5972萬人，不及現在的一半，這幾乎等同於一九二五年的人口數——5974萬人。

「人口減少的危機」也經常成為媒體的話題，每當被提起一次就會引發政治人物責怪女性不生小孩的失言風波。社會大眾也希望政府能拿出辦法解決少子化問題，但遺憾的是，就算現在出生率稍有起色，但恐怕也無法阻擋這個趨

勢了。

除了日本，全世界也正面臨少子化問題。雖然常有人說解決少子化問題應該向法國學習，但其實法國的出生率也已經連續四年下降。韓國的出生率相較於其他國家降幅更大，二〇一八年時已破1，來到了0．98。

問題絕對不是出在全世界的媽媽們不夠努力，而是出生率下降其實是必然的；真要說的話，應該說只要平均壽命變長，出生率就一定會下降。

這個說法乍看之下讓人毫無頭緒，但只要看日本女性的平均壽命與出生率的比較便一目瞭然了，兩者的相關係數達到負0．98673，幾乎等於最大值1，呈現高度負相關。

以上的說法看起來像是兩者間有因果關係，但其實並非如此；平均壽命與出生率只是有高度的相關性而已。用簡單一點的方式說明就像是「傘賣得好」和「連續多日下雨」有相關性，但卻不能說是「因為傘賣得好，所以下雨了」。

這種相關性不僅侷限於日本，而是全世界都如此。

圖1-2 各國總生育率變化趨勢

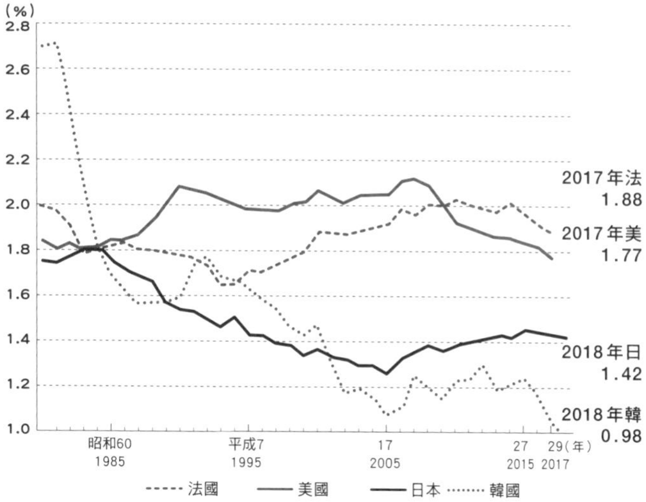

作者根據厚生勞動省「平成30年人口動態統計（國際比較）」製作而成。

圖1-3 平均壽命增加與少子化的關係

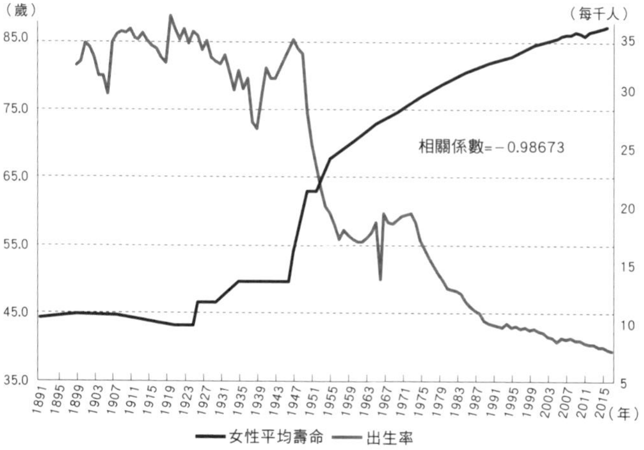

女性平均壽命出自內閣統計局及厚生勞動省「完全生命表」，出生率取自厚生勞動省「人口動態統計」。圖表為作者自行製作，未經允許不得轉載。

記得有一次和歷史人口學第一人——鬼頭宏教授對談時，他曾提到一名繩文時代的女性大約會生下八名小孩，但繩文時代的女性0歲時的平均壽命還不到15歲。聽起來是不是很不可思議？繩文時代懷孕生子所需的時間和現代並沒有不同，但要在15年的生命中生下八個小孩，這實在是很不思議的事情。

這是因為嬰兒的死亡率愈高，平均壽命就會被拉得愈低。換句話說，在繩文時代即使生了八個小孩，但有許多都是在嬰兒時期便已經夭折，生下來的小孩有一半活不過15歲。因此整體平均下來的壽命只有15歲，但這絕不是大家都只能活到15歲的意思。順帶一提，繩文時代的人，15歲時的平均餘命約16年，意思是存活到15歲的人預期可以活到31歲。

反過來說，現代的平均壽命高，是因為嬰兒的死亡率低。

平均壽命愈短，出生率就會愈高。也就是在小孩死得多（嬰兒死亡率高）的時代，人也會跟著生得多。經過長時間的歷史演變，嬰兒不再輕易夭折，女性自然也就不會多生了。再強調一次，這是全世界共通的趨勢。

圖1-4　全球人口、出生率、死亡率與日本之變化趨勢

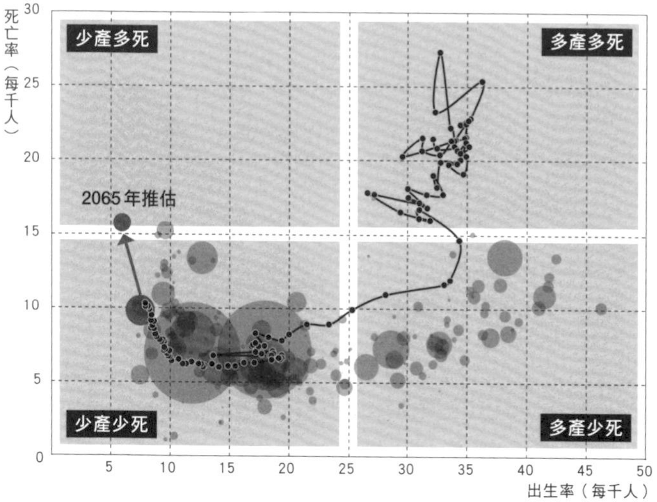

泡泡圖＝聯合國「世界人口推估」2010～2015年死亡率與出生率（圓形面積代表總人口多寡）。
折線圖＝日本自1899年至2015年之出生率與死亡率變化趨勢，取自人口動態總覽。

就人口學的觀點來看，人類是依「多產多死↓多產少死↓少產少死↓少產多死」的循環發展，現在的日本及全球先進國家都處於「少產少死」的階段，非洲等新興國家則仍在「多產少死」的階段。

從一八九九年起的日本每千人出生率與死亡率演變可以看出，第二次世界大戰前是出生率30以上、死亡率16以上的「多產多死」時代。

大家通常會以為戰前的死亡人數多是因為戰爭或關東大地震之類的災害造成的，但其實最主要的死因是疾

圖1-5　日本邁入多死社會。2025年後每年超過150萬人死亡

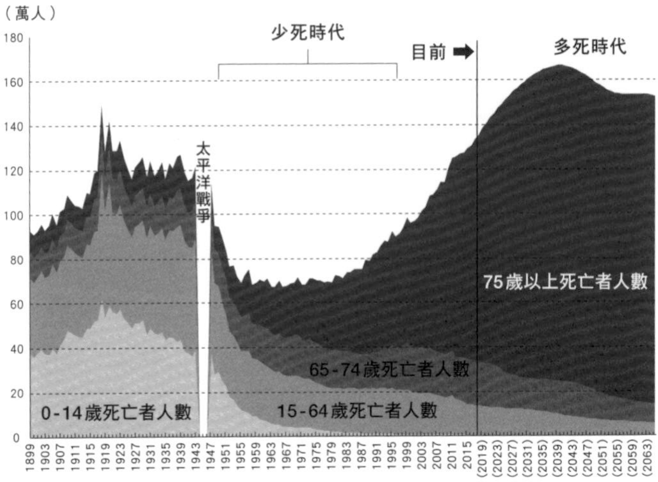

2016年以前出自「人口動態統計」（1950年～1972年不包括沖繩縣），2017年以後出自社人研「未來人口推估（出生死亡中位數）」，圖表為作者製作。死亡率為每千人。1944～1946年因資料不全故空白。

病，而疾病的最大受害者就是嬰兒。

一九一八年的每千名出生人口死亡率高達189，這是因為當時全世界正爆發西班牙流感。直到一九四〇年，嬰兒死亡率才首度低於100。

二戰結束後，因為生活環境的改善與醫療技術進步，嬰兒死亡率大幅度的下降，再加上戰後的兩次嬰兒潮，日本進入了「多產少死」的時代。現在的日本正處於「少產少死」階段，不久後就會率先成為世界上第一個「少產多死」的國家。

日本目前已經是位居全球之冠的

超高齡國家，今後還將是「多死國家」。根據計算，從即將到來的二〇二五年起，有極大的可能會連續50年每年都將有150萬人死亡，這相當於太平洋戰爭時的全年死亡數。日本將成為一個明明沒有戰爭，死亡人數卻等同於戰爭期間的國家。到了二〇六〇年，所有死者中將有九成是75歲以上的年長者。

這是對一九五一年至二〇一一年連續60年，死亡率都僅有不到10的稀有狀態的反撲。日本戰後的人口之所以成長，除了嬰兒潮外，也與這種「少死」現象有關。而日本今後的人口衰退則是「多死」造成的。

以宏觀的角度來看就會了解，少子化及人口衰退其實都是「人口結構」上的問題。順便補充一下，一般大都認為「少產多死」之後又會回到「少產少死」的狀態，也就是人口呈現不增不減的穩定狀態。唯一能說的是，只要沒有發生「行星級」的危機，應該就不會再回到「多產多死」的階段。

日本過去「皆婚」的真相

結婚數減少了，未婚人口當然會增加。日本在二〇一五年的50歲時未婚率（原本稱為生涯未婚率，二〇一九年改稱未婚率）為男性23．4％，女性14．1％，這也是開始統計以來的最高數字。根據國立社會保障暨人口問題研究所提出的二〇一八年日本家戶數未來推估（全國推估），到了二〇四〇年，50歲時未婚率將來到男性29．5％，女性18．7％。相當於每三個男性就有一人、每五個女性就有一人到了50歲仍然未婚。

話說回來，為何現在不使用「生涯未婚率」這個詞了呢？

其中的來龍去脈我並不清楚，或許是因為有民眾抗議「不要在50歲時就斷定是不是一輩子都不會結婚」，不過這純粹只是我個人的猜測。雖然名稱叫做50歲時未婚率，但並不是50歲單一年齡的未婚率，實際上是45～49歲未婚率與50～54歲未婚率的平均值。

那到底為什麼當初會把50歲時的未婚率稱為「生涯未婚率」呢？

這是因為日本從開始實施人口普查的一九二〇年至一九八〇年代為止，男女的50歲時未婚率都不曾超過5%。換句話說，95%的人在50歲以前都已經結婚了，這段時期被稱為日本的「皆婚時代」。如此驚人的結婚率同時也是日本人口急速成長的原動力，使得一八七五年時還只有3500萬的日本，在一九六七年前後突破了1億人口大關。但這並不代表明治、大正、昭和時代的日本人特別喜歡談戀愛。大家應該要認知到，這其實是帶有國家意志的「保護結婚政策」造成的。

一八九八年施行的明治民法建立了現代日本的婚姻制度。許多人都誤解了一件事，那就是這部民法所制定出的結婚樣態與過去的日本庶民結婚觀相去甚遠。由於古裝劇與歷史小說基本上都只圍繞著武士階級，讓大家誤以為所有日本人的婚姻生活都跟武士階級是一樣的型態。但武士階級僅佔總人口的7～8%，是不折不扣的少數。現代日本人的祖先絕大多數都是農民或工商階級，日本人＝武士這其實是個錯誤的概念。

當時的庶民婚姻絕大多數是夫妻都需要工作賺錢，雙方的財產是分開的，就算是丈夫也不能隨意變賣妻子的財產。

簡單來說，明治民法制定前的日本庶民婚姻是種夫妻彼此在精神上、經濟上各自獨立，極為接近夥伴式的經濟共同體形式。換個角度看，這樣的婚姻相當自由，夫妻的關係是對等的。

也因為這樣，離婚、再婚在江戶時代十分常見。

這種過去深入日本庶民社會的結婚形式在明治民法施行後，逐漸被轉化成「家戶制度」、「家父長制度」，最主要的改變則是剝奪了妻子在經濟上的獨立與自主權。農家的狀況另當別論，但從當時開始增加的「職住分離」現象，也就是因為丈夫的上班族化，使得「男主外，女主內」的角色分配逐漸成了「夫妻應有的規範」。如此一來對女性而言，步入婚姻就成了為了生存下去的就業行為，愈來愈沒有不結婚這個選項了。

「相親」這種社會性的媒合系統便在此時發揮了重要作用，這正是保護結婚政策的最佳範例。相親將結合兩個共同體——也就是家庭與家庭——的功能看得比個人的戀愛更優先，就某方面而言是沒有個人自由的。但也可以說，正因為相親是一種不依循個人最佳選擇，而是追求強制性的全體最佳化的系統，反而讓絕大多數的人得以步入婚姻。

圖1-6 相親結婚和戀愛結婚的趨勢

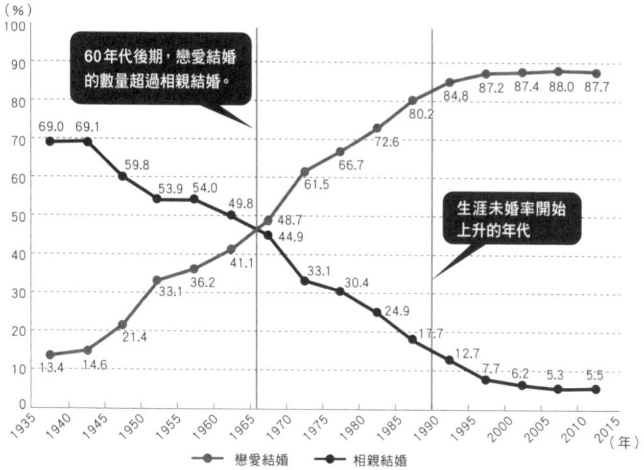

對象是初婚夫婦。荒川和久根據國立人口社會保障研究所報告所發表的數據製作。
1977年第7次調查～2015年第15次調查。

尤其是對那些不知如何主動追求的男性而言，相親等於是一大福音（關於男性不懂得告白這件事會在第4章討論）。

從相親結婚與戀愛結婚的比例變化趨勢圖來看可以知道，相親有顯著的衰退。二戰前與剛結束時，相親結婚佔了七成，但現在僅有約5%。而這個數字還包含婚姻諮商所媒合（約2%）的在內，因此傳統的相親結婚只剩下約3%。

相對於此，戀愛結婚則成長到87.7%。戀愛結婚超越相親結婚的分歧點出現在一九六〇年代後期。生涯未婚率開始上升則是30年後的一九九〇年代以後。

這樣看來，相親結婚的衰退似乎與未婚化的關係不大。

其實並非如此。

一九六五年時正處在適婚期25歲的男性，是在一九九〇年屆滿生涯未婚的判斷基準50歲的。換句話說，藉由相親而結婚的比例開始低於戀愛結婚的世代，人們正逐漸失去原本可以透過相親而結婚的機會，未婚化就是從這時加速往上的。因為在職場上認識而結婚也被歸類為戀愛結婚，但當時的職場結婚就某方面而言，也是一種社會性的媒合系統。當然，職場結婚的自由度較相親高，但認識異性的機會已經有人幫忙準備好了，這也是個不爭的事實。

不過，職場上的戀愛現在已經和性騷擾變成一體兩面的問題了。雖然還不到非常嚴重的地步，但已經有許多年輕男性害怕被指控性騷擾，因此不敢主動向女同事搭話。證據就是職場結婚銳減。

從一九六〇年代開始至今的結婚數變化趨勢來看，相親與職場結婚的數量合計佔比從一九六〇年代的七成減少到僅剩一半的31．9％。整體結婚數當然也有減少，因此可以看到結婚數的這個絕對數字的大幅下降。結婚數最多的是一九七二年的全年約110萬對，二〇一五年的結婚數則是約65萬5千對，減少了約46萬對。其實相親與職場結婚的合計結婚數也減少了約46萬對，與總結婚數的減少數量完全一致。

換句話說，結婚數的減少幾乎等同於這兩種類型的結婚數減少。

還有另一個現象，就是「年齡差婚姻」的減少。

從人口動態統計的長期變化趨勢來觀察初婚夫妻的年齡差可以發現，同年齡及女大男小的結婚數與皆婚時代相比，差距並不算大。一九七〇年時，男大女小的結婚數多達61萬對，但到了二〇一五年則只剩21萬對，這是將近七成的減幅；巧合的是，兩者間的差異——40萬對也接近相親與職場結婚數的減少量。

簡而言之，結婚數的減少反映了「相親及職場結婚減少」與「男大女小，且雙方是透過相親或職場認識的婚姻減少」兩項事實。相親結婚的比例遭戀愛結婚超車的副作用是離婚增加。戀愛結婚時代的離婚率高於相親結婚、皆婚時代是一個不爭的事實，這一點會在後面做說明。反過來說，相親這種大家幫忙準備好結婚機會的機制，也可以解讀為不僅促進了婚姻，也抑制了離婚。從「保護結婚」的觀點來看，明治民法是一套相當好的系統。

與其說始於明治民法的「保護結婚政策」有助於結婚數、出生數的增加與離婚數的減少，或許更應該說這些本來就是保護結婚政策的目的。如果從個人的層面來思考，沒有選擇權的相親結婚、將妻子綁在家庭中的家戶制度，以及身為父親、男人就該為家庭粉身碎骨、拼命工作的社會規範等或許都是束縛，但卻對促進結婚這件事起了極大的作用。

夏目漱石曾寫下「我們想要自由，於是得到了自由。但得到了自由後，卻又為不自由所苦」這段話。現代人擁有不受任何社會約束的戀愛及結婚自由，但未婚化卻問題卻益發嚴重，這或許正是「因為自由結果反而造成了不自由」的例證。

不要錯誤解讀未婚化的原因

身為單身研究家的我曾接受過國內外許許多多的媒體採訪，而報紙、雜誌最愛問的問題就是——未婚化的原因是什麼？

未婚化之所以日益嚴重是各種因素造成的，無法一概而論。

經濟問題是最常被提到的原因。日本在九〇年代前期因為泡沫經濟崩壞，使得經濟環境產生巨變。在此之前，依年齡及工作年資一路調升薪資的終身雇用與年功序列制被視為是理所當然的標準。就某方面而言，這樣的社會保證了能讓人安心的未來。

但泡沫經濟崩壞摧毀了這種安全感。大家原以為銀行絕對不會出事，但自一九九五年兵庫銀行破產後，銀行接二連三地倒閉，一九九七年山一證券停止營業的新聞更是震撼了全日本。

與此同時，受僱者的平均薪資開始下降。30至39歲的男性平均薪資在一九九七年達到550萬日圓的高峰後持續下降，與二〇〇九年的462萬相比少了將近100萬（國稅廳「民間薪資實態統計調查」中工作一年以上者）。

大學畢業生的工作機會也在一九九一年達到最多的約84萬個後開始減少，這正好與人口眾多的第二次嬰兒潮世代的求職期重疊，於是形成了所謂的求職冰河期世代。由於大量的年輕人無法成為正職員工，因此出現了打工族、尼特族等名詞，並逐漸演變成各種社會問題。

在這動盪的一九九〇年代，50歲時未婚率也就是過去所說的生涯未婚率開始急速攀升。也有人將未婚化歸因於「女性投入職場」。

一九八六年施行的男女雇用機會均等法鼓勵了大量的女性投入職場，原本被視為婚姻的絕對規範——男主外，女主內，也變得愈來愈淡薄。女性因結婚而辭去工作專心當家庭主婦曾經是「昭和女性的人生典範」，這樣的生活型態在現今世代已走入歷史。雙薪家庭的數量正式在一九九〇年代超越了只有丈夫一人工作的家庭。

順帶一提，日本的總生育率也是在一九九七年首度跌破1.4。單身家庭則是在一九九五年首度突破一千萬戶。當時也因為重大社會事件造成了人心動盪：阪神大地震及地下鐵沙林毒氣事件都是在一九九五年發生的。

回過頭來看，平成時代的這30年可說是一個景氣、結婚、出生數都不佳，家庭及生命隨著離婚及自殺而消失的時代；也是經歷戰後高度經濟成長、穩步建立起的社會安全保障逐漸崩塌的時代。上述的經濟、社會因素的確與未婚化不無關係。至少我認為比怪罪於年輕人的價值觀或想法改變的觀點來得正確。不過，如果用更宏觀一點的角度來看的話，或許會有不同的發現。

被當作未婚化指標的50歲時未婚率其實是45至54歲的平均未婚率，這並不等於年輕人的未婚率。二〇一五年的人口普查所說的「每四名男性中有一名終身未婚」指的也不是年輕人，而是50歲的大叔。話說回來，現在50多歲的這一輩也不是突然間就不想結婚的，而是有某種因素促成的。這要追溯到現在50多歲的人20多歲的時候，也就是一九八〇年代。

八〇年代是即將走向泡沫經濟，但卻是朝氣蓬勃、充滿活力的時代。當時的電視

圖1-7　1980年時的20歲世代（60年代出生）推升了未婚率

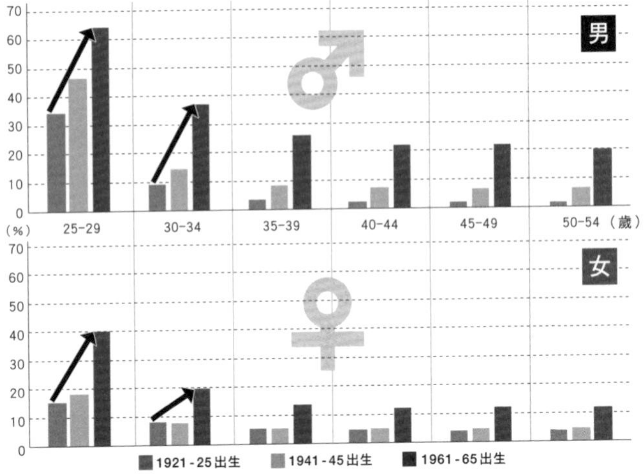

作者根據人口普查依出生年代擷取各年齡層未婚率自行製作而成。

劇流行所謂的偶像劇，原宿、澀谷等地人聲鼎沸，時尚品牌特價時總是大排長龍，還掀起了所謂的設計師品牌熱潮，所有人都熱衷於消費。咖啡廳、酒吧興起；新宿、六本木的迪斯可舞廳盛況空前，這都是那時候的事。

當時還出現了明明沒有在衝浪，卻喜歡穿著衝浪服的「陸地衝浪者」。電影《帶我去滑雪》的故事正好發生在這個年代，滑雪季時，通往苗場滑雪場的道路一定會大塞車。聖誕節時要送Tiffany的Open Heart、晚上在赤坂王子飯店過夜則是情侶間少不了的過節儀式。

當時是一個跟不景氣完全沾不上邊，充滿熱情與活力、每個人都巴不得談場戀愛的時代。而創造出這股熱情與活力的正是現在50多歲的這一代。根據人口普查，我按各個年齡層整理出未婚率的變化；比較對象為一九二〇年代、一九四〇年代、一九六〇年代出生的人，以20年為間隔選出三個族群。從圖表一眼就能看出是哪個年代的人推升了未婚率，無論男女都是六〇年代出生的人推升了25歲以後所有年齡層的未婚率。

目前55歲前後至60歲出頭的初老世代，或許可以稱為現今日本單身社會化的開路先鋒。由於九〇年代的社會環境變化過於劇烈，因此大家往往會將原因歸咎於此。但就像上一個單元說明過的，就本質而言，自明治民法施行以來所維持的「保護結婚政策」在過了一百年後，來到一九八九年，也就是平成時代揭開序幕之際，已經完全因為制度疲勞而逐步走上了消亡之路。

除了經濟結構、社會結構的問題外，未婚化也與人際關係的結構有關。如果忽略這些結構問題，將所有原因簡化成個人價值觀、想法的轉變，將會誤判問題的本質。

「年輕人草食化」導致未婚增加是假的

雖然很多人都將未婚化的現象歸咎於「現在的男人都草食化了」等年輕人的價值觀轉變，但事實絕非如此。千萬別忘了，這是人口結構的問題，個人的努力是無濟於事的。明明是自己這一代打開了未婚化的大門，卻有許多年過50的大叔還在大談當年勇，吹噓自己年輕時對女人如何如何在行，但究竟是不是真的……恐怕也要打個問號。

我們就來看看，現在50多歲的這一代在20多歲時是何種光景吧。

根據一九八二年以後的出生動向基本調查而來的長期變化趨勢可知，「有未婚夫／妻或男女朋友」的比例為男性在20～29%，女性在30～39%之間變動，有戀愛對象的比例大約是三成左右。二〇一五年的男性戀愛率為21．3%，雖然是近年來最低的，但33年前的一九八二年也只有21．9%，差距並不大。這個數字是18歲至34歲的整體平均，但就算是男性戀愛率最高的25至29歲時期，在這30年之中也從未超過33%。

圖1-8　僅約3成的未婚男女有交往對象

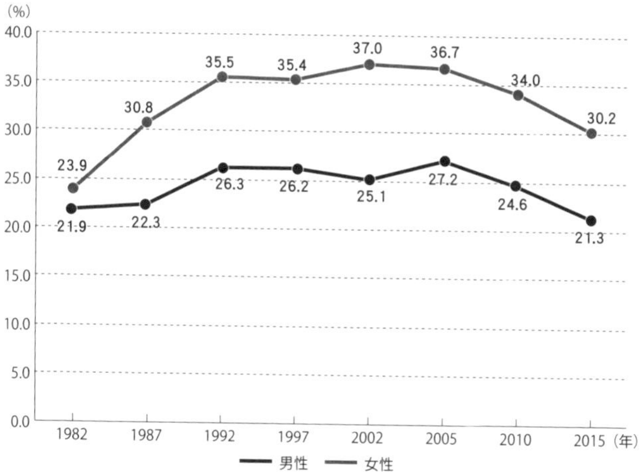

作者根據社人研「出生動向基本調查」(1982年為生產力調查)，計算18～34歲未婚者中「有未婚夫／妻」、「有異性交往對象」之合計數字製作而成。

也許有人會說，「根據出生動向基本調查的報告，一九八〇年代的交往率應該更高才對。」但這是因為交往率把「異性朋友」也算了進去。

異性朋友可以算是交往對象或戀愛對象嗎？或許所謂的「交往」有很多種定義，但在探討戀愛關係時，交往指的是已經成為男女朋友的階段。

舉例來說，向異性告白時，如果對方回答「我們還是當朋友吧。」基本上都是拒絕的意思。就算把標準放寬，同意「異性朋友也算交往對象」的說法，頂多也只適用於十幾歲、國中生左右的年齡。年過20還把朋友當成交往對象，認為彼此「談過戀愛」的話，就未免也太誇張了。真要說的話，一直維持「異性朋友」的關係，完全不曾產生曖昧氣氛的相處模式還比較草食吧。

大叔們所說的「年輕時對女人很在行」也難免讓人覺得說不定只是自己心裡的獨斷解讀，魯莽地將女性友人當成了女朋友。話說回來，無論在哪個時代，有辦法談戀愛的男女大概都只有三成左右，我將這種現象命名為「戀愛高手三成法則」。大家常說現在的年輕人都變得不談戀愛、草食化了；其實在別的時代也一樣，年輕人的戀愛率從過去以來並沒有多大的改變。

不過或許有人會好奇，為什麼男性與女性有交往對象的比例會有10％的落差。這個數字絕對不是男人愛劈腿，或是女人容易被欺騙（這些情況當然並非不存在，只是不會被列入統計）。這10％的差距是由幾項因素造成的：

第一項是未婚男女的人口差距所造成的「男性過剩現象」。會形成「男性過剩現象」是因為男性人口的絕對數字較多，如果配對數相同，換算成百分率的話就會讓男性的比例顯得比較低。這一點會在下一個單元詳細說明。

另一項因素是「年齡落差」。雖然一般認為近年來同年齡男女間的婚姻變多了，但其實首次結婚的男女中，同年齡的結婚數不過8萬對，只佔了全體的兩成多。女大男小的結婚數多於同年齡，約有9萬2千對。男大女小則有21萬對，超過了整體的55%（出自人口動態調查）。丈夫大妻子5歲以上的夫妻也僅有不到兩成。

如果像前面所提到的，以5歲為單位來進行同年齡的比較，便會出現兩成的落差。而且，以各種背景組合的結婚來看，有不少是女性與再婚男性的結婚。在男女其中一方為再婚的組合中，較多的是男方再婚、女方首次結婚的組合，佔整體的37%（二〇一七年數字）。年輕未婚女性被離過婚的年長男性追走的例子也相當多。我將此命名為「時間差一夫多妻制」，這大概可以算是一部分「男性戀愛高手」所形成的獨佔現象吧。

嚴重的「男性過剩」現象

未婚化造成的人口結構問題之一，就是「男性過剩」現象。遺憾的是，日本有多達340萬名男性就算再怎麼努力，也還是無法結婚。從未婚男性與未婚女性的人口差距來看，未婚男性的所有年齡層合計人數較女性多了340萬人。即使把範圍縮小到20至59歲，也還是多了300萬人，光是20至39歲便有145萬人（二〇一五年人口普查）。就算日本全國的未婚女性都結婚了，還是會有340萬名未婚男性沒有對象。但畢竟不可能所有未婚女性都會結婚，因此實際上會剩下更多男性。「男性過剩」現象就是這樣來的。

左方的表格可以看到各年齡層的男性過剩數量，自15歲至74歲都是未婚男性多於女性。而雙方之所以在75歲以上顛倒過來，是因為未婚男性就在終身未婚的情況下結束了一生，實在令人唏噓。為何未婚男性的數量會多於女性呢？原因在於出生時的男女比例。從明治時代的統計可看出，出生時的男女比大約為1．05，男嬰多於女嬰。如果

圖1-9　各年齡層未婚男女差距數（人）

	未婚男性	未婚男性	差距數
15～19歲	3,042,192	2,881,593	160,599
20～24歲	2,755,989	2,572,112	183,877
25～29歲	2,222,616	1,852,959	369,657
30～34歲	1,648,679	1,211,351	437,328
35～39歲	1,416,172	959,761	456,411
40～44歲	1,423,716	913,188	510,528
45～49歲	1,092,022	683,887	408,135
50～54歲	806,163	467,837	338,326
55～59歲	607,248	312,233	295,015
60～64歲	552,221	264,934	287,287
65～69歲	425,752	259,014	166,738
70～74歲	185,974	175,233	10,741
75～79歲	87,546	132,730	**−45,184**
80～84歲	39,750	113,000	**−73,250**
85～89歲	14,063	78,708	**−64,645**
90～94歲	2,965	31,169	**−28,204**
95～99歲	519	6,933	**−6,414**
100歲以上	126	1,176	**−1,050**
總數	16,323,713	12,917,818	3,405,895
20～59歲	11,972,605	8,973,328	2,999,277
20～39歲	8,043,456	6,596,183	1,447,273

作者根據2015年人口普查製作而成。

每年都多出5%的男嬰，持續40～50年，便會出現如此巨大的差距。不過在明治以前的時代，由於男嬰的死亡率較高，因此，最終的男女比例還是會趨於幾乎相同。當嬰兒的死亡率因為醫學發達而下降了，自然就會陷入「男性過剩」的狀態。

圖1-11畫出了自日本開始進行人口普查的一九二〇年起，男性過剩的長期趨勢變化。悲哀的是，男人的剩餘數量只在第二次世界大戰前後有所減少。在此長期趨勢中該注意的是一九九〇年代後的變化。超過300萬人

的「男性過剩現象」是從一九九〇年代開始，20至39歲的男性過剩數量銳減，取而代之的是40至59歲的男性過剩數量激增，40至59歲的男性過剩在二〇一五年超越了20至39歲。雖然都是男性過剩，但過去是年輕未婚男性過剩，而現在則是「未婚大叔」過剩。

九〇年代剛好也是生涯未婚率開始急速攀升的時期。少子化持續下去，將使得今後的年輕男性數量愈來愈少。而從圖表來看，60歲以上的男性過剩則呈現上升趨勢。看來日本在不久之後將會出現「未婚大叔過剩現象」。未婚男女比雖然是壓倒性的「男性過剩」，但如果只看離婚、喪偶的話，反而是「女性過剩」。從所有年齡合計的離婚人數來看，女性較男性多了138萬人，喪偶人數則是女性較男性多627萬人。離婚與喪偶合計的女性過剩人數超過了760萬人。不過這其中有85％以上是60歲以上的高齡喪偶女性。雖然將年輕男性與60歲以上的高齡女性配對是不可能的事，但即使是20至59歲，離婚與喪偶的女性過剩也有約113萬人。20至59歲的未婚男性過剩為300萬人，如果將兩者配對的話，就能減少一半的過剩男性。但這當然只是純粹的計算而已，不能把結婚當成數字遊戲。

除了離婚數量多以外，離過婚的男性再婚率高，且多是與首次結婚的女性再婚，這

圖1-10　過剩未婚男性人口之長期變化趨勢

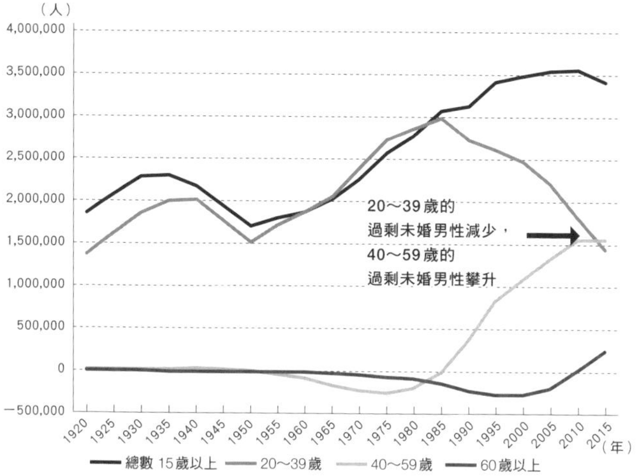

作者根據人口普查計算各年代未婚男性與未婚女性之差製作而成。

也造成了離婚後未再婚的女性增加得如此之多的緣故。也就是未婚女性本來就已經不多了，結果還被離過婚的男性娶走了一大堆。戀愛能力高人一等的三成男性戀愛高手不斷地結婚、離婚的「時間差一夫多妻制」背後，其實有許多未婚男性一輩子都無法結婚。

或許有人會想，既然日本男性過剩如此嚴重，那乾脆朝國外發展，和外國人結婚不就行了嗎？但是，男性過剩現象並非是日本獨有的問題。根據聯合國人口統計年鑑，美國也有592萬名男性過剩（二〇一二年），14億人口的中國更是多達3千350萬名男性過剩（二〇一〇年）。全世界人口第四多的印尼也有673萬名男性過剩（二〇一〇年）。印度的男性過剩人數甚至有5千萬人之多（二〇〇一年）。其實不只這五國，除了新興國家或發生內戰的國家外，男性過剩現象在絕大多數的國家中都是現在進行式。聯合國的各國數據由於調查年分不一，因此無法掌握同一年度的全世界男性剩餘人口，但至少光是中國、印度、美國、印尼、日本五國就有多達1億名未婚男性「即使想結婚也沒有對象可結」。順帶補充，中國目前各年齡層未婚率與一九七〇年前後的日本極為相似。自20年後的二〇四〇年起，中國應該也會和日本一樣，面臨著40至59歲的未婚者急遽增加。

全世界到處是過剩的男性。這對想結婚的男人而言，是個折磨的時代。看到我這樣寫，大家或許會以為所有的未婚女性應該都有辦法結婚，但現實人生並非如此簡單。姑且不論印度之類現在仍以相親結婚為主流的國家，只要個人愈是追求最佳化，整體的配對數就會減少得愈厲害。而且因為不婚主義的女性仍在持續增加中，實際上無法結婚的男性應該只會越來越多。

婚活市場上「女性過剩」的原因

儘管「男性過剩」如此嚴重，但在「婚活」（為了找到對象結婚而進行的聯誼、相親等活動）的第一線上卻經常聽到有人說「男人根本就太少了」、「沒什麼男性來參加，聯誼變成了女生間的聚會」等等。明明是未婚男性的絕對數量較多，為何在婚活現場會出現這種相反的狀況呢？

原因之一是未必所有的未婚男性都是「想要結婚的男人」。

雖然電視及報章雜誌等常出現「根據出生動向基本調查，多達九成的男女想要結婚」之類的言論，但這並不正確。因為這項結果是從「大概遲早會結婚」或「一輩子都不會結婚」這個二選一的問題得來的。如果被要求一定要從中擇一回答的話，除非是不想結婚到極點，不然應該都會選「大概遲早會結婚」吧？

出生動向基本調查接下來還會問「想在一年以內結婚」、「若有理想對象的話不排斥

圖1-11　各年齡層男女「結婚積極率」的差別

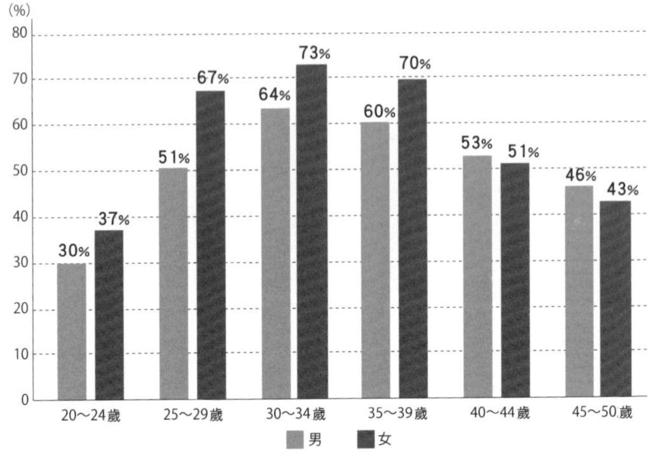

作者從2015年出生動向基本調查之中，將「大概遲早會結婚」的回答者分為結婚積極派與消極派，並計算「一輩子都不會結婚」者與消極派之合計總數，製作出本圖表。

結婚」，以及「還不打算結婚」、「一輩子都不打算結婚」等問題，以區分出結婚積極派與結婚消極派。

從結果來看，20至34歲的未婚男性中只有四成是結婚積極派，同年齡層的女性也只有五成。雖然從強迫二選一的問題上得出了「九成的人打算結婚」的結果，但實際上能算作真的有意願結婚的人其實僅有一半左右，而且這個趨勢從30年前開始就沒有再變過了。

最重要的是，男女之間有一成的差距。我們可以從二〇一五年的出生動向基本調查依年齡層來看看其中的詳細組

圖1-12　雖有100萬名男性過剩，女性仍找不到結婚對象的原因

未婚人口

	未婚男性	未婚女性	差距數
20～24歲	2,755,989	2,572,112	**183,877**
25～29歲	2,222,616	1,852,959	**369,657**
30～34歲	1,648,679	1,211,351	**437,328**
20～34歲合計	**6,627,284**	**5,636,422**	**990,862**

結婚積極率

20～24歲	30%	37%
25～29歲	51%	67%
30～34歲	64%	73%

有結婚意願的人數

20～24歲	819,011	951,472	**−132,461**
25～29歲	1,124,520	1,247,184	**−122,664**
30～34歲	1,047,814	882,380	**165,434**
20～34歲合計	**2,991,346**	**3,081,036**	**−89,691**

作者根據2015年出生動向基本調查及人口普查自行統計、製作而成。

成（圖1-11）。

20至39歲的年齡區間中，全都是女性的結婚意願較高。以男女之間的差距來看，25至29歲女性的結婚意願較男性高出了16%。換句話說，雖然就未婚者的絕對數目來看，有340萬名男性過剩（20至59歲），但結婚意願卻是女性較高。就算未婚男性人口較多，但如果沒有結婚意願的話也當不成結婚對象。

將結婚意願的差異套到結婚適齡期——也就是20至34歲的未婚男女人口差距上的話，又會有什麼結果呢？

單純以未婚男女的人口差距來看，

有99萬名男性過剩。但如果把結婚意願的差距也考慮進來，想要結婚的男性有299萬人，女性有308萬人，反而變成有9萬名女性過剩（圖1-12）。

若將範圍縮小到20至29歲，以未婚人口的差距來看，有55萬男性過剩。但如果看的是想要結婚的人口，則有25萬名女性過剩。這就是雖然男性過剩，但實際進行婚活時，備感辛苦的卻是女性的緣故。或許有人會覺得，就算與有結婚意願的20至34歲男性相比，出現了9萬名女性過剩，但這樣的差距應該還有機會可以挽救。

可是，對想要結婚的女性而言，還有其他更令人絕望的。

根據內閣府二〇一八年進行的「少子化政策相關意識調查」（以想要結婚且尚未結婚的20至49歲女性為對象，N＝1343），有32．8％的女性希望結婚對象的年薪有500至700萬日圓，這也是佔比最高的回答。全體之中則有72％希望結婚對象的年薪在400萬日圓以上。

雖說希望就只是希望，並不會真的緊咬著這一點大作文章，但從20至34歲未婚男性的實際年收入分布來看，不到400萬圓的反而佔了81％（排除年薪不明者）。換句話說，年薪400萬日圓以上的未婚男性僅有19％，與72％相減之後，將產生53％過剩的婚活女性。

圖1-13　婚活女性期盼的男性年薪與現實間的落差

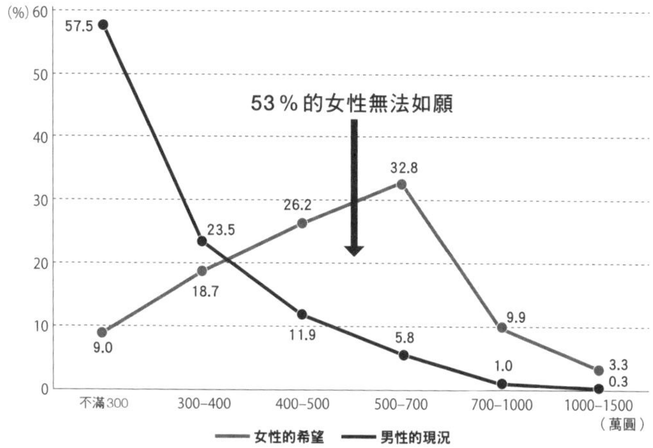

女性的希望出自2018年內閣府「少子化政策相關意識調查」。
男性的現況為作者自2017年就業結構基本調查中擷取20～34歲部分（排除年薪不明者）製作而成。

前面提到有意願結婚的未婚女性人口為308萬人，乘以53％的話，就代表有163萬名婚活女性過剩。

如果是經濟獨立、感受不到結婚的必要性，因而主動選擇不婚的話也就罷了，但想要結婚卻沒有對象可結的女性竟然高達163萬人，這不免讓人覺得有些殘酷。

雖然數字上如此顯示，但還不至於完全無望。以上計算的前提是男女皆為20至34歲，在同年齡層中做配對。

二〇一九年時，落語家春風亭昇太以59歲之齡在人生中首度結婚，對象是小他19歲的前寶塚歌劇團演員，成了熱門的新聞話題。

我建議正在從事婚活的女性不要只找年齡和自己差不多的對象，不妨也考慮一下年長的男性。比如說，可以把範圍擴大到和昇太師傅差不多的59歲上下。

最重要的是，下修對於年薪的期待。能賺超過400萬的20至34歲未婚男性還不到兩成，這樣就算再怎麼努力都很難配對成功的。

「把範圍擴大到50幾歲的話，經濟能力好的男人也會比較多吧？」

會這樣想是很正常的。

為了避免造成錯誤的期待，我在這裡先說出結論。就算範圍擴大到59歲以下，全日本年薪400萬日圓以上的未婚男性也只有27％，還是會有45％的女性過剩。400萬以上實在是太難達成了。

但只要往下調100萬，變成300萬圓的話，符合條件的對象就會增加到50％。根據就業結構基本調查，30歲前後結婚的男性中，每四人中便有一人的年薪在300至400萬日圓之間。這才是最大宗的族群。如果不在結婚對象的年薪方面做些妥協的話，始終都會是無解的問題。

另外，還有一項事實是——只有三成的女性戀愛高手有辦法與高收入的男性結婚，這一點我會在第4章詳細說明。能搶到高收入男性的，只有女性戀愛高手。這樣講雖然不太客氣，但如果不是戀愛高手的話，或許最好忘了「收入」這項條件。

以上的計算中排除了沒有結婚意願的剩餘半數未婚男性。

這樣說來，日本過去之所以能有那麼高的結婚率，也許是因為許多人都有人從背後推了一把，像是幫忙介紹相親、撮合等。有七成的男性在戀愛或結婚上都是被動的。

無論如何都想找到結婚對象的未婚女性，我會建議妳與其把目標放在婚活現場上的男性上，還不如將心力放在目前對結婚沒有多大興趣的男性上，這或許才是上策。

「低所得男性」和「高所得女性」都很難結婚

50歲時的未婚率與年收入之間有著高度的相關性。

但男性與女性呈現的相關性正好相反。男性的年薪愈低，50歲時的未婚率就愈高；女性則是年薪愈高，50歲時的未婚率就愈高（圖1－14）。尤其是年收入400至500萬日圓之間的女性，在50歲時的未婚率為28％，收入800至900萬日圓的女性也有29％，幾乎每三人中就有一人是未婚。雖然絕對數目並不多，但如果是年薪1250～1499萬的女性，有36％是終身未婚的。根據二〇一五年的人口普查，全體女性中終身未婚者為14％，因此，高所得女性的未婚比例是全國平均值的一倍以上。

或許有人會認為「那就讓高收入的女性養家，低收入的男性當家庭主夫就好了。」但現實並沒有那麼簡單。

低收入未婚男性與高收入未婚女性是不會配在一起的。

圖1-14　不同年收入的50歲時未婚率

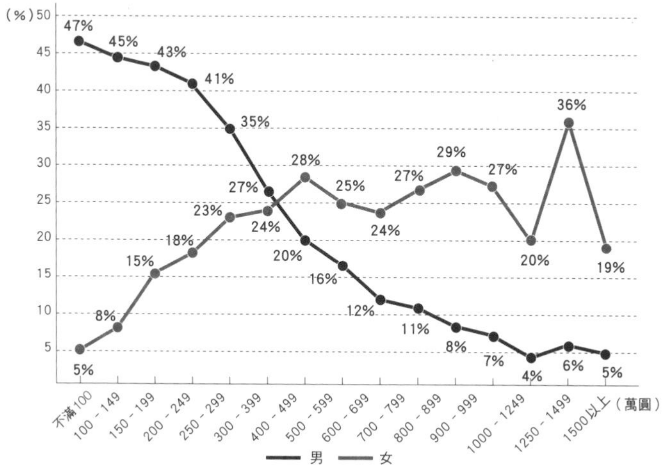

作者根據2017年就業結構基本調查（僅就業者）製作而成。

高收入女性之所以未婚率高，原因之一就在於這類女性希望和強過自己的對象結婚；也就是會從年薪比自己高的男性中尋找對象。但高收入的男性可沒那麼多。到頭來，收入愈高的女性，對象就愈少，最後形成了未婚化。

這不光只是女性的問題，男性其實也都想找比自己弱，也就是收入低於自己的女性結婚。

男性會把收入比自己高的女性排除在「該養的對象」之外。這是因為在男性的想法裡，「該養的對象」只有收入比自己低的「比我弱、需要我保護」的

圖1-15　五十歲前後的高收入未婚男女皆集中於東京及周邊地區

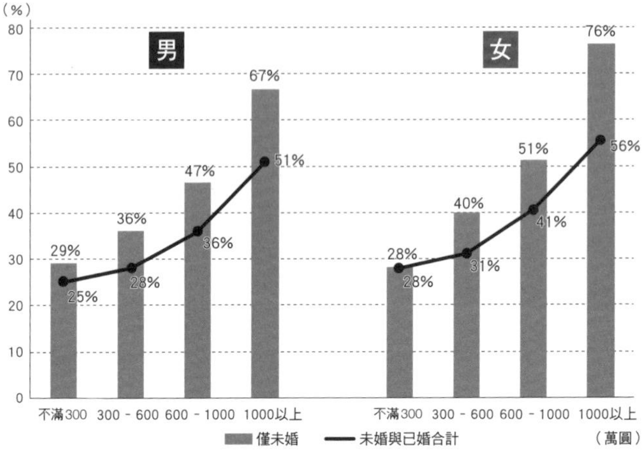

根據2017年就業結構基本調查，比較東京及周邊地區之未婚與未婚、已婚合計的不同年收入男女人口組成。圖表為作者製作。

女性。圖1-14中的兩條線成X形交叉，便是女性想找比自己強的人，男性想找比自己弱的人結婚最好的證據。

還有一種常見的爭議是「約會時應該由男方出錢嗎？」其實，被「男人應該養女人」、「約會時該由男方付錢」這些規範束縛的，正是男性自己；而且單身男性比已婚男性更為明顯。這或許是因為男方希望藉此來展現自身的社會性角色。

反過來說，已婚女性大概也是因為覺得「約會時誰來付錢根本不重要」，所以當初才能找到對象結婚；至於單身女性那可就不太一樣了。工作表現出色的高收入單身女性其實也希望男生幫自己出錢，原因並非這些女性不想付錢，也不是想在男人面前撒嬌示弱，而是會賺錢、經濟獨立的單身女性其想法容易受到男性化的規範束縛。

這或許是為了在男性社會中生存，避免輸給男性的處世之道吧。由於深知「男人就應該這樣這樣做」之類的男性規範，才會更執著於「男人就該比女人強，約會時一定要幫女生付錢以展現氣概」的想法。

順帶一提，這類高收入的未婚女性幾乎都集中於東京及其周邊地區。從不同年收入的50歲時男女未婚人數的全國組成可以看出，高收入者大多集中於東京及其周邊的神奈川、埼玉、千葉。和未婚與已婚合計的整體來做比較的話，未婚女性同樣也集中於上述地區；尤其是50歲前後、一千萬日圓以上的高收入未婚女性，更有近八成居住於此地區（圖1-15）。

人口過度湧入、集中於東京及其周邊地區固然與求職因素有關，但找到了工作、錢愈賺愈多後，女性就離結婚愈來愈遠這也是不爭的事實。

只有高中學歷的男性結不了婚？

在收入的議題上，男女雙方皆面臨了「女性想找比自己強，男性想找比自己弱的對象結婚」的窘境。如同前面說明過的，光是希望未來的老公年薪400萬日圓這點，日本全國就有五成以上的未婚女性無法結婚。就算女方覺得「那就由我來養家」，願意找收入比自己低的男性結婚，但這時問題又會變成男方不想和收入比自己高的女性結婚。

在學歷方面有很長一段時間都是以「同學歷結婚」居多。自一九八〇年代起，一直都有四～五成的配偶是同學歷結婚的。同為高中學歷的配對在過去更佔了整體的35％。

女性的大學升學率在一九八四年時還只有12．7％（不包括短期大學），但到了二〇一七年時已經成長到近四倍的49．1％，同學歷結婚的主力也變成大學學歷的配對組合了，高中學歷的配對降至12％。

觀察二〇一〇年人口普查中20至34歲高中學歷未婚男女的變化趨勢可發現，高中學歷

圖1-16　高中學歷未婚男女變化趨勢

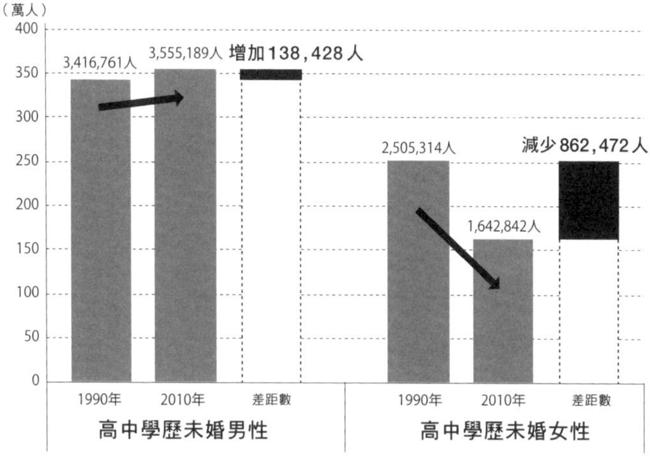

作者根據1990年及2010年人口普查製作而成。

的未婚男性較一九九〇年增加了14萬人，未婚女性則減少了86萬人。高中學歷的未婚女性並不是因為結婚而減少了，而是因為就讀大學的緣故。這也表示大學學歷的女性必須面臨更激烈的競爭才能成功配對。然而即使是大學學歷，也有分數高低之分。

講白一點，東京大學、京都大學等名校畢業的女性會被逼得不能只找一般大學畢業的男性，必須同為名校畢業的才行。這並不是女性要求的，而是男性會排斥跟畢業於排名比自己的學校高的女性交往。雖然一定有不在意女方是什麼大學畢業的男性，但終究很少數的。「同學歷結婚」這種現象的持續發展就是最顯著的證明。

反過來說，首當其衝的就是配對對象變少的高中學歷未婚男性。高中學歷的女性與高中學歷的男性結婚的比例為57％。但少了86萬名高中學歷的未婚女性便意味著有50萬名的高中學歷男性將找不到結婚對象。

日本原本就是「離婚大國」

大家不要只把注意力放在未婚化上，其實離婚的人也愈來愈多了。根據二〇一七年的人口動態調查，普通離婚率（每千人中）為1．70，與過去最高的數字——二〇〇二年時的2．30相比，減少了0.6。從這樣來看，離婚率似乎下降了，但這是相對於人口的離婚比例；由於結婚的數量已經減少了，因此單憑這個數字並無法說離婚變少了。

還有一項離婚的指標叫作特殊離婚率（離婚數除以結婚數）。以特殊離婚離而言，自二〇〇一年起連續17年都維持在35％左右，也就是說「每三對夫妻中就有一對離婚」的狀況並沒有改變。

但也有人批評說「特殊離婚率嚴格來說並不能代表離婚率」，並認為「有配偶離婚率」才是正確的指標。有配偶離婚率的計算方式是將離婚數除以有配偶的人數。乍看之下似乎沒有什麼問題；但這就和普通離婚率一樣，並沒有考量到結婚數已經日益減少的事實。

因此有配偶離婚率的曲線幾乎和普通離婚率是一樣的，近年來也出現下降的趨勢。重點在於，要有一項指標可以看出有多少人結婚，其中又有多少人離婚，到頭來有多少的婚姻還能繼續維持下去。就這點來看，還是特殊離婚率比較合適。

順帶一提，一八八三年至二〇一七年的長期婚姻總數（不含一九四三～一九四六年）為8438萬對，離婚總數則為1537萬對。扣除戰爭期間的三年，這130年間的特殊離婚率為18％。若只看平成時代（至二〇一七年為止的數字）的話，婚姻數為2102萬對，離婚數667萬對，特殊離婚離約為32％。像這樣以長期的觀點來看，就知道「每三對中就有一對離婚」是現在進行式。

大家可能都不知道日本原本就是離婚大國。不只是明治時代後期的長期離婚率趨勢說明了這一點，江戶時代至明治時代初期的特殊離婚率都達到近四成之多，一八八三年時的普通離婚率也有3.4。江戶時代甚至有村子的普通離婚率為4.8，用現代的標準來看，過去的日本確算得上是離婚大國。

圖1-17 日本的離婚率變化趨勢

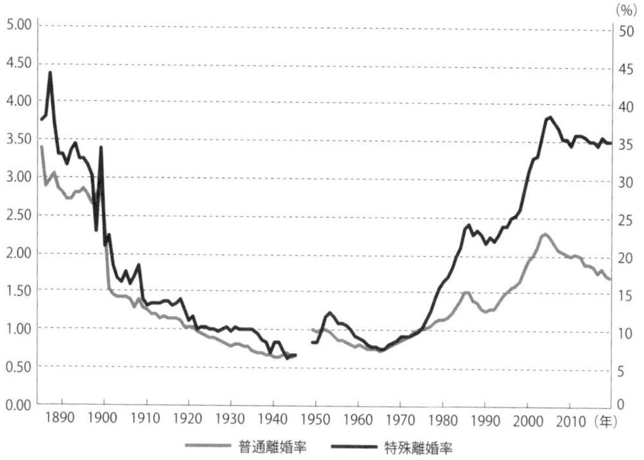

出自人口動態統計長期趨勢。普通離婚率為每千人中之比例。1944～1946年因資料不全而省略。1947～1972年不含沖繩縣。

從一七三〇年的史料中出現了「世間再婚甚多」的敘述，以及土佐藩曾頒布「不得離婚七次以上」的禁令可以想像，離婚在江戶時代是何等的普遍啊。頒布禁令一事正說明了實際上有人離過更多次婚。

降低當時全世界名列前茅的離婚數，正是前面多次提到的「政府介入的保護結婚政策」，也就是明治民法。

江戶時代至明治時代初期的庶民之所以那麼常離婚，並不是因為日本人習慣劈腿，而是與之前說明過的夫妻在經濟面及精神面上是彼此獨立、自主的夥伴關係。

許多人都誤以為江戶時代是男尊女卑的社

會，女性經常受到壓迫。但其實並非如此。

江戶時代的離婚字據俗稱「三行半」。三行半並不是丈夫想寫就可以寫給妻子的，即便是在江戶時代，離婚也必須雙方同意才能成立的，並非是丈夫單方面的權利。另外，三行半不僅是「離婚證明」，同時也是「再婚許可」。在江戶時代，重婚及婚外情都是法律所不允許的；因此，如果離了婚就必須有相關的證明才能再婚。

丈夫寫給妻子的離婚字據叫作「三行半」，而妻子收到後會寫「離婚字據回函」給丈夫。雙方的離婚就此成立，之後便可以自由再婚。當時同樣有著感情被不工作賺錢的丈夫消磨殆盡，而要求丈夫寫「三行半」的妻子；或是厭倦了照顧公婆而訴請離婚的案例。妻子聲請離婚或是訴請官府裁決的情形也十分常見，和現代並沒有什麼兩樣。

這裡就不對江戶時代的離婚樣態多做說明了，有興趣的讀者可以參閱拙作的《超ソロ社会》（超單身社會）。

自由戀愛增加了離婚？

離婚大國日本因為出現了明治民法這項「保護結婚政策」，使得離婚數得以銳減。特殊離婚率還曾在一九四〇年降至6％，成為全世界離婚率最低的國家。連同二戰期間在內，特殊離婚率一直到一九七二年都維持在個位數；這也正好是第二次嬰兒潮的時期。但從一九八〇年代起離婚率開始上升，自一九八八年特殊離婚率首次突破30％後，直到二〇一七年都不曾低於三成。

神奇的是，離婚率竟然與戀愛結婚的比例呈現相關性。

戀愛結婚的比例是在一九六〇年代中期超過了相親結婚的，自此之後相親結婚的數量就持續減少，現在幾乎有九成都是戀愛結婚的。但戀愛結婚比例上升的曲線與離婚率幾乎是呈正相關的連動關係。當然，這樣並不能斷定「戀愛結婚的數量增加導致了離婚的增加」這樣的因果關係。但比起戀愛結婚的夫妻，相親結婚的夫妻比較容易離婚這的

圖1-18　戀愛結婚的比例與離婚率之相關性

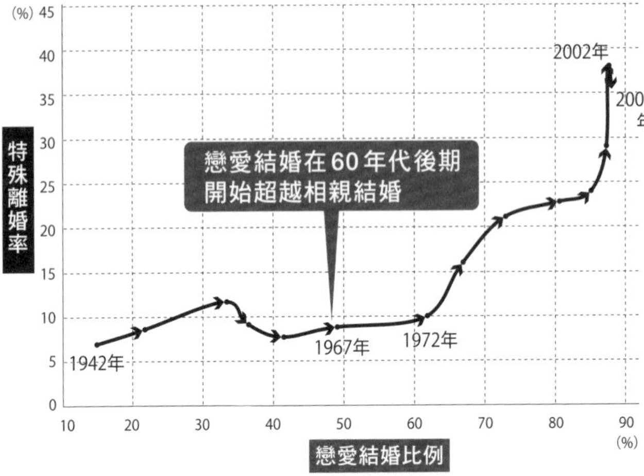

作者根據出生動向調查及人口動態調查製作而成。

確是件很有意思的事。

經過思考後，我認為這是「加分主義」與「扣分主義」造成的差異。

相親結婚的夫妻在結婚之初，彼此都不熟悉；甚至有不少人還是帶著「為什麼非得跟這個人結婚？」的不滿步而進入婚姻的。

這跟人與人之間的相處一樣，如果是從負分開始的，那麼只要對方碰巧展現出稍微加分的一面，就可能會有心動的感覺。這就是所謂的「反差萌」。

我覺得透過相親結婚的夫妻會在日常生活中建立起這種一點一滴逐漸加分

的關係。

至於熱戀後結婚的夫妻，就如同「婚禮MAX法則」所說的，幸福會在婚禮時達到的頂點，有如例行公事般的日子愈過愈久後，就可能變成只看見對方缺點，甚至懷疑起當初為什麼會和這個人在一起了。這就是戀愛結婚的扣分主義。

加分主義的分數沒有上限，只會一直往上加；但扣分主義是從100分往下扣的，存在著某一天或許會變成0分的風險。戀愛結婚之所以會和離婚率有關，或許就是受到這方面的影響。

日本全國各地都結婚大不易

日本不僅結婚數持續減少，離婚數也再不斷地增加；這種情況並非只出現在東京等的大都市，而是全國各地皆然。大家常以為未婚化的問題都集中於都市，但其實不然。從各地的長期變化趨勢來看，全日本都呈現「結婚數變少、離婚數變多」的走向。

但關鍵重點在於——持續中的婚姻數量降低了。例如，就算結婚率高，但如果離婚率也高的話，處於婚姻關係中的夫妻書量就不會增加。至於結婚率低、離婚率也低的話，夫妻的數量就會維持在一定的水準。也就是說可以用結婚數減去離婚數，來計算持續進行中的婚姻比例有多少。我將此定義為「婚姻持續率」，並計算了全日本各都道府縣的數值。

我是根據一九三七年至二〇一五年的人口動態調查，將一九三七年、一九四七年以及一九五〇年後每5年的結婚率減去離婚率來進行計算的。雖然叫作持續率，但這並不

圖1-19　40年間，各都道府縣的結婚率、離婚率變化

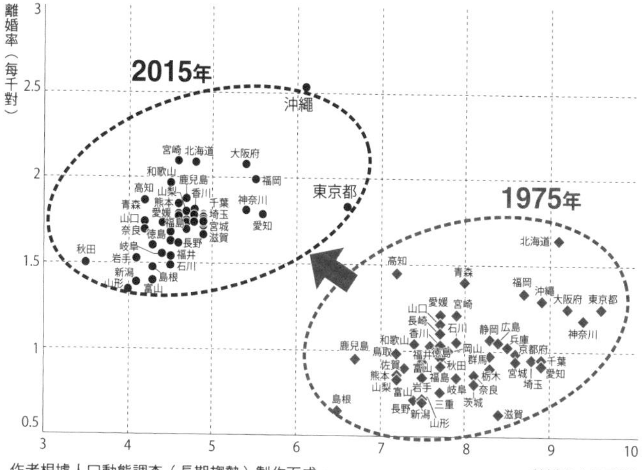

作者根據人口動態調查（長期趨勢）製作而成。

是婚姻持續時間的指標，而是關於「容不容易結婚」、「結婚之後是否容易離婚」的指標。圖1-20列出了各都道府縣的排名。

前幾名全是東京、神奈川、埼玉、千葉等首都圈及其周邊地區。這些地方的婚姻雖然持續性高，但仔細觀察會發現也只有這四個地方與大阪、愛知的婚姻持續率高於全國的平均值。換句話說，容易結婚的區域都集中在這些大都市。

東京及大阪雖然離婚率也高，但或許某種程度上也表示即使離了婚，也很快就能再婚。

而低於平均值的東北、中國、四國、

九州等地區則是婚姻持續性偏低。由此還可以看出，除了東北地區的秋田、岩手外，缺乏持續性的人全都集中在西日本。就容不容易結婚的觀點來看，沖繩的結婚率雖然排在第18，但離婚率卻出奇的高，因此婚姻持續率是最後一名，呈現出結婚後很快就會離婚、就算再婚也還是會離婚——「婚姻持續性偏弱」的特性。

屬於持續率後段班的鹿兒島、高知、秋田、島根等地區，與其說擔心可能會離婚，更應該關注的焦點恐怕是——根本結不了婚。

將結婚持續率的排名與50歲時的未婚率排名放在一起做比較，會發現一件很有趣的事情：婚姻持續率第1名的東京在50歲時的未婚率方面：男性第3，女性第1；而婚姻持續率最低的沖繩，未婚率則是：男性第1，女性第5，同樣都位於前段班。換句話說，未婚率高的地方也可以反過來說是結婚率高的地方。有許多人反覆地結婚、離婚，但同時卻有許多人一輩子連一次婚都沒結過。在同一個地區裡居然存在著如此巨大的結婚經驗差異。

圖1-20　日本各都道府縣結婚相關排名

	婚姻持續率		平均結婚率		平均離婚率		50歲時未婚率 男		50歲時未婚率 女	
1	東京	7.29	東京	8.68	沖繩	2.14	沖繩	26.2	東京	19.2
2	神奈川	7.06	神奈川	8.38	北海道	1.59	岩手	26.2	北海道	17.2
3	愛知	6.78	大阪	8.16	高知	1.55	東京	26.1	大阪	16.5
4	大阪	6.65	愛知	7.96	福岡	1.54	新潟	25.2	高知	16.5
5	埼玉	6.56	埼玉	7.73	大阪	1.52	秋田	25.1	沖繩	16.4
6	千葉	6.43	福岡	7.67	青森	1.43	青森	25.0	福岡	16.1
7	靜岡	6.29	千葉	7.63	宮崎	1.41	神奈川	24.9	京都	15.8
8	宮城	6.28	北海道	7.63	東京	1.39	埼玉	24.8	長崎	15.4
9	兵庫	6.28	兵庫	7.54	愛媛	1.37	高知	24.8	鹿兒島	14.7
10	滋賀	6.26	廣島	7.54	和歌山	1.35	福島	24.7	愛媛	14.6
11	廣島	6.21	靜岡	7.53	山口	1.34	茨城	24.3	熊本	14.4
12	石川	6.17	宮城	7.43	廣島	1.33	栃木	24.3	兵庫	14.3
13	岐阜	6.16	石川	7.35	神奈川	1.33	靜岡	24.1	大分	14.2
14	奈良	6.16	奈良	7.33	長崎	1.31	千葉	24.1	青森	13.9
15	栃木	6.16	栃木	7.29	香川	1.29	鳥取	23.9	神奈川	13.8
16	福岡	6.13	青森	7.26	大分	1.28	群馬	23.6	宮崎	13.7
17	富山	6.10	滋賀	7.24	兵庫	1.27	北海道	23.5	山口	13.6
18	三重	6.07	沖繩	7.23	鹿兒島	1.24	島根	23.2	廣島	13.3
19	茨城	6.04	京都	7.22	靜岡	1.23	宮城	23.1	宮城	13.2
20	福井	6.04	岐阜	7.21	鳥取	1.23	山梨	23.1	德島	13.2
21	北海道	6.03	香川	7.20	熊本	1.23	山口	23.1	岩手	13.1
22	群馬	6.01	富山	7.19	京都	1.22	長野	22.9	佐賀	13.1
23	京都	6.00	三重	7.18	岡山	1.22	山形	22.8	千葉	13.0
24	新潟	5.94	福井	7.16	秋田	1.19	京都	22.7	埼玉	13.0
25	香川	5.91	群馬	7.15	千葉	1.19	鹿兒島	22.6	和歌山	12.9
26	長野	5.90	和歌山	7.13	德島	1.19	長崎	22.6	岡山	12.7
27	岡山	5.90	岡山	7.12	佐賀	1.18	大阪	22.5	靜岡	12.5
28	山形	5.88	茨城	7.09	石川	1.18	愛媛	22.5	新潟	12.4
29	福島	5.87	宮崎	7.08	愛知	1.18	愛知	22.3	秋田	12.4
30	青森	5.83	福島	7.04	福島	1.17	德島	22.1	奈良	12.4
31	和歌山	5.77	山口	7.00	奈良	1.17	福岡	22.0	鳥取	12.2
32	山梨	5.75	長崎	6.99	埼玉	1.16	佐賀	22.0	香川	12.0
33	佐賀	5.72	大分	6.98	宮城	1.15	富山	21.9	群馬	11.9
34	德島	5.70	愛媛	6.96	群馬	1.14	大分	21.9	福島	11.6
35	大分	5.70	新潟	6.91	栃木	1.13	熊本	21.7	愛知	11.4
36	岩手	5.69	佐賀	6.90	福井	1.13	廣島	21.7	長野	11.2
37	長崎	5.68	德島	6.89	三重	1.11	岡山	21.6	島根	11.1
38	宮崎	5.67	山形	6.89	富山	1.09	宮崎	21.5	石川	11.1
39	山口	5.66	熊本	6.87	岩手	1.09	香川	20.9	山梨	11.0
40	熊本	5.64	長野	6.86	山梨	1.06	石川	20.6	栃木	11.0
41	愛媛	5.59	高知	6.84	茨城	1.06	和歌山	20.6	茨城	10.7
42	鳥取	5.57	山梨	6.81	岐阜	1.04	兵庫	20.5	富山	10.4
43	秋田	5.57	鳥取	6.81	山形	1.01	三重	20.4	三重	10.3
44	島根	5.51	岩手	6.78	島根	1.00	岐阜	20.1	山形	10.1
45	鹿兒島	5.35	秋田	6.76	滋賀	0.98	福井	19.2	岐阜	10.0
46	高知	5.29	鹿兒島	6.59	新潟	0.98	滋賀	18.3	滋賀	9.2
47	沖繩	5.09	島根	6.51	長野	0.97	奈良	18.2	福井	8.7
	全國	6.33	全國	7.62	全國	1.29	全國	23.4	全國	14.1

婚姻持續率為作者計算1937～2015年人口動態調查（長期趨勢）中每五年結婚率與離婚率差距之平均值得來。50歲時未婚率出自人口普查。

不是不婚，而是拒婚、避婚

如同前面說明過的，日本現在的困境是「結不了婚」，且就算結了婚也維持不下去，在男女的配對上出了問題。這可以說是結婚這項古老的傳統正從垂死掙扎的狀態，逐漸進入變成化石的時代。簡單來說，配對失敗的問題已經是現在進行式了。

這裡先將之前提過的重點歸納如下：

①**未婚化是從現在60歲左右的這一代開始的。**

②**有超過300萬名的未婚男性過剩。**

③**男女出生比出問題，造成未婚男性過剩。**

④**不斷離婚、再婚的男性所形成的「時間差一夫多妻制」助長了未婚化。**

⑤**男性缺乏結婚意願的狀況從30年前起就沒什麼改變。**

⑥因此在婚活市場上反而是女性過剩。

⑦結婚數減少是因為相親與職場這類有人幫忙撮合的結婚機會變少了。

⑧少了旁人的幫忙也讓男大女小的結婚數大幅減少。

⑨高中學歷的男性變得很難結婚。

⑩低所得的男性結不了婚。

⑪高所得的女性也結不了婚。

⑫若以年薪400萬日圓以上為擇偶條件，則有超過50%的女性結不了婚。

⑬自由戀愛普遍後，離婚率也上升了。

⑭就算結了婚，也有三成的夫妻會離婚（但這只是回到日本以前的狀態罷了）。

⑮離過婚的女性不太會再婚。

造成這些現象的原因大多與「價值觀」無關，而是人口、經濟、環境層面的結構性問題所導致的。像這樣將原因逐一列出後就會發現，相親、在職場結識異性等有人幫忙撮合的情境，以及為了建立社會信譽等理由，對男人結婚與否十分重要。明治民法所形成的保護結婚政策對於之後的高結婚率可說是貢獻良多，但幾乎所有人都結婚的皆婚時代並非日本的常態；從日本的悠久婚姻史來看，皆婚這件事反而是不正常的。

之前提過，在明治民法出現前，日本人的離婚率在全世界是名列前茅的。根據南和夫的著作《幕末江戶社會的研究》，江戶時代工商階級的未婚率高達50％左右。不只是都市，農村也一樣。在與歷史人口學家鬼頭宏教授對談時聽他說過，直到十七世紀前後，日本的農村也還是有許多未婚人口。在農村，只有身分高的人才會結婚生子，非嫡系的旁系親屬或奴工、農奴等大多終身未婚。例如，一六七五年信濃國湯舟澤村（現在的岐阜縣中津川市）的紀錄記載：全體男性的未婚率為46％，旁系親屬為62％，農奴為67％。回溯到更早之前，平安時代貴族的隨從及侍女也大多終身未婚。

幾乎所有人都結婚的時代絕非常態。想要維持這種非正常的狀態本來就有困難。事到如今，要讓所有人都恢復成相親結婚，那是不可能的。「結不了婚是因為不夠努力」、「應該要改變心態」之類怪罪當事人的言論是毫無意義的。無論怎樣的社會環境都存在著能夠談戀愛、結婚的強者，即使放著不管，這種人也會自己找到出路。問題的關鍵在於佔了七成人口的戀愛小白。就算逼這些人努力，做不到的事終究還是做不到。被逼著去做無法做到的事，其結果已經不是未婚或不婚了，而是變成拒婚、避婚。

「因為沒錢，所以結不了婚」這種說法雖然很常見，但已婚的男性並非全都屬於高收入族群。日本人的平均初婚年齡，也就是30歲前後的已婚男性中，人數最多的是年收入300多萬日圓的族群。年薪不夠高並不會結不了婚，而且也還有很多雖然收入不高，卻仍舊結婚生子的家庭。但這些來自現實生活的數據根本進不了已經打定主意拒婚、避婚到底的男性耳中；對他們而言，這些都是沒有用的資訊是不會多看一眼的。

搬出各種催婚的大道理是不會有任何效果的，只會讓他們更堅持己見而已。

2章

「不婚」真的是罪大惡極嗎？

逼人結婚的「結婚教徒」

一九八七年，當時的日本還是處於皆婚社會的年代。根據該年的出生動向基本調查，男性認為結婚能帶來的好處其前兩名分別是：心靈的平靜（35％）、社會信譽（22％），其排名都在擁有子女及家人（20％）之上，這顯示當時的人會為了社會信譽而結婚。

「結婚＝社會信譽」這樣的想法已不再流行。根據二〇一五年的出生動向基本調查，只剩12％的人是如此回答的。但從明治時代後期開始，持續了一百年的皆婚時代所不停灌輸的「男人要結了婚才算能獨當一面」的刻板印象，仍深植於許多人的心中。

所謂的結婚刻板印象是指「人就應該要結婚」、「結婚比較好」之類的想法。有這種刻板印象的自然是已婚者比較高，未婚者或單身者比較低；但就日本人而言，即使是未婚、單身者也仍然深受刻板的結婚印象束縛。

內閣府於二〇一五年進行的「少子社會相關國際意識調查」，比較了日本、法國、瑞典、英國等四個國家20至49歲的男女，發現日本有多達60％的未婚者仍抱持著刻板的結婚印象，與已婚者的71％相去無多。至於法國則是18％，瑞典21％，英國32％，這些國家抱持著刻板結婚印象的未婚者都不到已婚者的一半。但日本人，就算是未婚的人其潛意識也深受「應該要結婚」的刻板印象所影響。

雖然現在這樣說會被視為是不恰當的言論，但在昭和時代，主管對適婚期的下屬說「你趕快結婚啦」之類的話是可是家常便飯的事。甚至可以說，職場中有種推波助瀾的風潮試圖幫助未婚的人認識異性，或是進行配對。公司恐怕也隱隱約約有著「男性員工早早結婚成家，就會願意為了家庭拚死拚活地工作」的盤算吧。當時還出現了「過水OL」這個詞，用於指稱為了和企業的男性員工結婚而前來上班的女性。

在第1章曾說過，無論男女都有七成的人是屬於戀愛小白。昭和時代乍看之下讓人覺得「雞婆」的職場結婚壓力，就好的方面說，發揮了幫忙安排機會的作用。正因為這樣，就算是戀愛小白或是個性較為被動的人，也幾乎有95％以上都能順利結婚。這樣看起來，結婚說不定已經變成一種類似宗教的信仰了。試圖說服單身的人結婚，就和傳教時對人說「來信教吧，信教會讓你得救」很像，勸人結婚的已婚者正如同「結婚教的傳教士」。

別人要不要結婚其實根本不用去管，但這些傳教士就是無法置之不理，有種自己的想法絕對是正確的，認為「不了解這些想法的人很可憐，必須加以拯救」的心態。因此那些催婚的阿姨們口中所說的「我是把你當自己小孩看……」或許也不能說都是騙人的。這種雞婆心態並不是全然不好，畢竟過去的婚姻系統就是藉此來運作的；但現在已經不是大家都理應結婚的時代了，進行這樣的傳教式勸導反而會被當成困擾。

到後來，當「傳教士」知道不管自己再怎麼說，對方都不會結婚，也就是「不肯信教」後，馬上就會把對方看成異類，當作異教徒般地仇視。傳教士不但不會就此放過對方，甚至還可能將對方貼上「某某人不結婚一定是有什麼問題」的標籤，在背地裡助長偏見，加油添醋地道人是非。這就和將團體裡的不合群人士視為異類，甚至進行霸凌的心態是一樣的。

價值觀是因人而異的。正因為因人而異，所以沒有一種價值觀是絕對正確的。雖然大家都知道這個道理，但當遇到了像是結婚生子之類的議題時，馬上就會露出「人多即正義」的嘴臉。神奇的是，許多人都堅信在這個議題上只有一個唯一真理。

揪出不合群的人，會在群體中製造出團結意識。而想要穩固團結意識，就必須要有不合群的人。在結婚教教徒的眼中，不入教的單身者就和不遵守規則的犯罪者是一樣的。人們會畏懼威脅到自身存在的異端，在面對這些對象時，往往會展現出殘酷的一面。歷史上一次一次的宗教戰爭正是如此。中世紀獵巫時使出各種殘忍手段的人都自認為是在替天行道。

近年來，在網路上「出征」出軌的藝人或企業廣告已形成一股風潮，甚至到了反應過度的地步。這些網友都打著正義的旗幟、有套看似條理分明的邏輯。在結婚議題上，最常見的就是「少子化」、「日本的下一代」等等。

已婚者很喜歡對單身者說「你們想要一輩子單身是你們的事，但老了以後不要讓我的小孩（間接）來養你們。」甚至有人會批評說「不傳宗接代就是不盡社會義務。」而且永遠有政治人物會因做出類似的發言而引發爭議。恐怕有許多已婚人士或是單身者的家人都有類似這樣的想法，根深蒂固地覺得「單身的人只想吃白吃的午餐」，只是沒有說出口而已。

正是這些已婚人士的偏見，才使得日本充斥著這種缺乏建設性的對立與分裂。

剖析敵視單身者的「單身騷擾」

我將對於不結婚的單身男女的各種敵視、排斥行為稱為「單身騷擾」。當然，也有人會說，現在很喜歡什麼事都冠上「騷擾」，一直在創造新的名詞。但單身騷擾已經超越了要或不要結婚，成為一種動輒批評他人人生觀的問題了。我是在此脈絡下使用「單身騷擾」這個詞的。

「騷擾」這個詞是從英文harassment來的，意思是「無視他人意願，做出令當事人感到不悅、有損尊嚴、蒙受損失、受到威脅的發言或行為」。最具代表性的就是發言或行為帶有性意味的性騷擾；在職場上利用職務之便，對他人造成超越業務範圍之生理、心理痛苦的職權騷擾；與懷孕、生產、育兒有關的孕婦騷擾等。

根據日本大眾傳播媒體文化資訊工會會議（ＭＩＣ）與ＭＩＣ女性聯絡會於二〇一八年夏天，針對記者等媒體工作者進行的問卷，有74％的女性回答「曾遭受性騷擾」。其中超過半數是「妳不結婚嗎？」、「妳不生小孩嗎？」之類的。也就是說有許多性騷擾都是屬於這種單身騷擾。問卷的調查對象為報紙、通訊、廣播、出版業的從業人員，這些也是女性50歲時未婚率偏高的業界。

單身騷擾的被害者過去大多是女性。就像在經濟高度成長期，男性主管問女性員工「妳差不多該結婚了吧？」、「妳有男朋友嗎？」可說是稀鬆平常的事。如果還是沒結婚的話，接下來就會被追問「為什麼不結婚？」到最後甚至變成在應酬聚餐時講起「結婚可是很棒的喔～」、「人啊，還是要結婚生子才能算真的獨當一面啦」之類的大道理。

雖然很容易被忽略，但其實男性也會遇到一樣的狀況。而且近年來男性的被害率也變得越來越高了。若依年齡來區分男女的單身騷擾狀況會發現，所有年齡層的女性有近半數曾遭受過單身騷擾，而男性即使到了40至59歲也還是有高達三成的被害者。

只是問「為什麼不結婚」還算客氣的，有些人甚至會說出「不結婚生小孩的人沒路用啦」之類的話。在沒有結婚或沒有生小孩的人面前講出這樣的話，就算不是指名道姓，也等同於當面否定對方了。

圖2-1 單身騷擾受害率

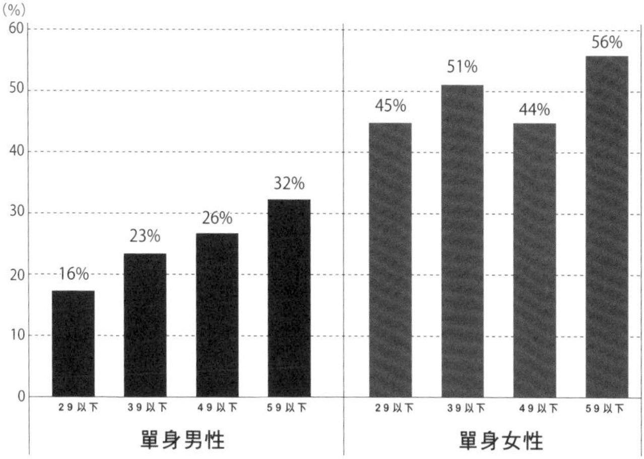

作者根據2018年SOLOMON LABO調查（20~59歲全國未婚男女 N=874）。

也有些人雖然措辭比較客氣，會用「你要不要檢討一下自己為什麼沒結婚？是不是發現自己有問題了呢？」等說法試圖令當事人自我否定，產生心理壓力。這和詐騙式的直銷公司或邪教組織慣用的「自我否定型心理控制」是一樣的。

即使心理素質夠強，知道不應該理會這些言論，但被一次次地轟炸後，也會不知不覺地自責起來。

任何人都不喜歡自己的想法及理念遭人全盤否定，更不會對否定自己的人有好感，也不願再相信對方。但是當聽到全盤否定自己的言論時，除了不高興外，還會伴隨著恐懼及憤怒的情緒，腦海中會瞬間處於被動狀態，容易對接下來聽到的資訊信以為真。這正是心理控制的手法。

大家一定要多加注意。

我就是想一個人過生活——獨活風潮正夯

我在上一本著作《ソロエコノミーの襲来》（單身經濟來臨）中，曾針對盛行於當前的「獨活」風潮進行過各種分析，預告了獨活經濟圈的到來。所謂的「獨活」是指獨自一人進行各種日常消費的活動。

值得高興的是NHK及富士電視台等紛紛製作了以正面看待「獨活」為主題的節目，日本經濟新聞也撥出版面進行從『孤單一人』到『開心獨活』的專題報導。DIME雜誌則推出了豐富獨活人生的獨活商品特輯。

或許有人會將獨活負面解讀成因為沒有朋友而不得不做出的選擇，但其實並非如此。現在反而有愈來愈多的人為了過得更有意義而選擇獨活。

獨自一人會很寂寞，不過，這是不懂得獨活美好的人的單方面看法。

有的人覺得要和大家一起鬧哄哄的才開心，但也有人喜歡自己一個人享受靜謐。對這種人而言，獨活反倒比較充實。舉例來說，根據二〇一七年的調查，有八成的獨活男女平常上班時是獨自一人吃午餐的，其中有許多是坐在自己的辦公桌前邊看手機邊吃午餐的「辦公桌午餐族」。因此，儘管是單身，有些女性還是會自己做便當。

另外，二〇一八年的獨活實施狀況調查結果則顯示，已有八成的人會自己一個人去看電影。這樣不僅能更專心看電影，而且可以隨時想去就去。

獨自一人去參加音樂節活動的人也變多了。有51％的男性，53％的女性都曾一個人去音樂節。和朋友或男女朋友一起去固然好，但如果同行者不像自己那麼喜歡演出的藝人，彼此都會有所顧慮而無法樂在其中。既然如此，那還不如自己一個人去，在音樂節的現場跟其他同好一起同樂。無法獨活的人可能會覺得「自己一個人去會好玩嗎？」但不用擔心，就算是素昧平生的人，只要有共同的音樂喜好馬上就會打成一片。

還有，獨自一人去看煙火的人也變多了，原因是為了去拍煙火照片。很多人雖然只是業餘愛好者，但為了拍美照上傳到社群媒體可是卯足了全力。過去拍煙火的人以拿著專業器材的大叔居多，近來則可以看到許多手持單眼相機的女性自己一個人來拍。其實我自己也會每年獨自一人去東京、千葉的江戶川煙火節拍照。相同的情況也可以套用到春天的賞櫻、秋天的賞楓上。

這裡和大家分享一些喜歡獨活的人所拍的照片。不過要先說明，這些都是他們上傳到ＩＧ，證明自己擁有充實獨活的照片，但男女的拍攝重點不一樣。無論是光明正大地拍正面，或是拍背影、只拍手或腳，獨活女性的照片裡一定會出現自己。至於獨活男性拍自己去的地方、機車、食物之類的照片裡，則不會出現自己。原因在於男女性的認同需求不同。

獨活女性希望享受獨活的自己能得到他人的「讚」，獨活男性則希望自己做的事、達到的成就獲得讚美。當然這並非絕對，也有獨活男性的照片只拍自己，或是有不拍自己的獨活女性。這也牽涉到了和獨活與否無關的自我肯定感，後面會再做說明。

其實從以前就有一定數量的人抱持著獨活思維。

中年大叔自己一個人去居酒屋喝酒、一個人去吃燒肉是過去就常有的事，只不過店家不太歡迎這樣的客人而已。畢竟還有人數更多的家庭客群，而且單獨一人的客人會影響翻桌率。

但現在有些家庭餐廳不僅準備了一人專用桌，還提供插座、WiFi，打造出舒適的用餐環境，得到了獨活客人的好評。家庭餐廳這種顯而易見的改變說明了獨活客人比例變高的事實。如果餐廳裡都只有四人桌的話，翻桌率勢必會變差。

但社會上依然有將獨自一人吃飯這件事視為異端的人，主張「自己一個人吃飯是不對的」。一開始可能還只是搬「吃飯就應該……」的道理壓人，到後來甚至會講出「那樣不叫吃飯，是吃飼料」之類沒禮貌的話。

或許這種人總覺得只有自己才是對的。

其實就算這樣也無妨，堅守自己深信不疑的道理是每個人的自由；強迫別人接受自己的觀念，把別人都打成是錯的，就幾乎等同於暴力了。

喜歡獨自一人吃飯的，不是只有「想和一群人一起吃，但卻找不到人」的人，也不是只有「否定一群人一起吃飯很開心」的人。而且，也不是非得在「都是和別人一起吃」與「都是自己一個人吃」之間二選一不可。

圖2-2　獨活男女的IG

真凜　谷垣亞美
真凜　H・M
豐村慶太　武田雄一郎
辻伊戶慎也　池田文明

萬一有哪個國家的研究顯示「孤獨會使工作表現變差」，因而出現同事要一起吃午餐的規定，那就變成「不但雞婆，而且還劃錯重點」了。

對於喜歡獨自一人吃午餐的人而言，這正是「沒有惡意的獨活騷擾」。學校之類集體行動至上的地方，獨活的人甚至會變成被霸凌的目標。為了避免自己一個人吃午餐被嘲笑，甚至得躲到廁所去吃，以避人耳目。

不過現在不需要再這樣偷偷摸摸，覺得丟臉了。

社會氛圍已經逐漸轉變成「自己一個人也沒關係」。最大的推手，就是獨活變得具體可見了，且社群媒體的發達也有推波助瀾的作用。一旦變得具體可見，大家就會感到放心，知道不是只有自己喜歡獨自一人。

藝人中川翔子是在社群媒體上擁有眾多追隨者的名人，也傳達了「獨活是件很開心的事！」，讓更多人了解「獨自一人做各種事情並不奇怪」，獨活也彷彿得到了公民權。正因為這樣，在這幾年許多企業紛紛推出專門為獨活人士打造的服務。

獨活在夫妻之間也愈來愈常見。

例如，夫妻兩人去京都旅行，搭乘交通工具及住宿當然是在一起，但有些人在當地的行動是分開的。原因在於想去的景點可能不一樣，勉強任何一方配合自己一定會讓心理產生壓力；那還不如雙方講清楚說明白，分配好時間各自行動。我想類似這樣的模式在今後應該會更常見。

我曾和中川翔子一起上過NHK的「獨活」節目。我們有一點意見相同之處，那就是並不推薦或堅持所有的事情都要自己一個人做，而且也不否定有同伴這件事，兩者各有各的優點，但也有一些事情反而是一個人做更好。

中川翔子錄完節目後發了這樣一條推特：

很高興「自己一個人」終於不再是件丟臉的事了。

日本人其實是很「個人主義」的

見到獨活風潮如此興盛，相信某些世代的人會感嘆「日本人怎麼都變得沒有日本人的樣子了。」但這些人所說的「日本人的樣子」又該是怎麼樣呢？「總是團體行動、合群、以和為貴」難道就是日本人的樣子嗎？

或者應該說，認為「日本人奉行集體主義」的看法真的是對的嗎？

或許有人不少人都曾聽過「沉船笑話」這則諷刺世界各國民族性的笑話。有一艘載運了世界各國旅客的豪華遊輪即將沉沒。但是逃生艇的數量不足以供全船的旅客使用，因此船長決定讓某些乘客跳海……

船長會對各個國家的人說什麼話，讓他們願意跳海呢？

對美國人會說：「跳下去的話你就是英雄了。」

對俄羅斯人會說：「海裡有伏特加酒瓶喔。」

對義大利人會說：「海裡有美女在游泳喔。」

對法國人會說：「千萬不可以跳進海裡。」

對英國人會說：「是紳士的話就應該跳下去。」

對德國人會說：「跳進海裡是規定。」

對日本人會說：「大家都已經跳下去了喔。」

許多人可能都會忍不住地頻頻點頭吧。

尤其，日本人很容易屈服於這種「大家都是這樣」的壓力，這可說是日本人心中根深蒂固的觀念。許多日本人自己也認為日本是個注重集體主義、合群主義的民族。國外的日本文化論觀點也普遍認為：相較於歐美，日本社會更重視集體主義。

大家都覺得，日本人是公認的集體主義者。但真的是這樣嗎？

我曾經做過一項調查，問了以下兩個問題：

問題① 你認為日本人是奉行集體主義還是個人主義？

無論哪種性別或已婚、未婚，幾乎七成以上的人都回答「集體主義」。

問題② 你自己是集體主義還是個人主義？

結果有五成的人回答「自己是個人主義的人」。

很神奇吧？

明明有七成的人認為日本人是集體主義，但說到自己時卻有五成的人認為自己是屬於個人主義。也就是說有許多日本人都覺得「日本人都奉行集體主義，但只有我不一樣。」換句話說，日本其實是由認為自己屬於個人主義者的人組成的。

圖2-3 擔心自己和朋友不同調

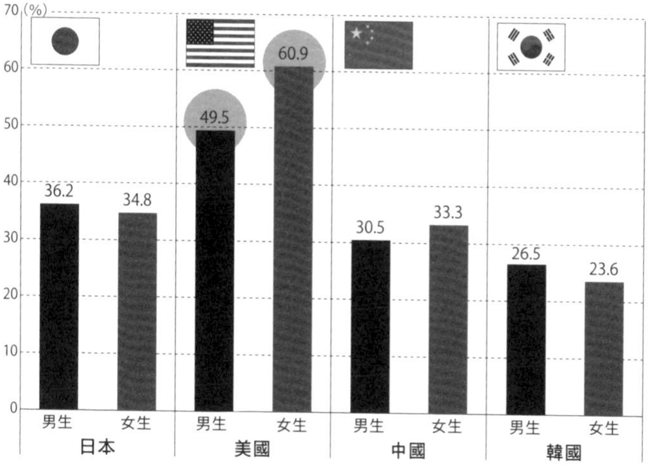

作者根據國立青少年教育振興機構「2018年 高中生身心健康觀念調查——日、美、中、韓之比較」製作而成。

你這裡所說的個人主義和歐美說的個人主義稍有不同。歐美的個人主義指的是「向國家及社會權威發聲，要求尊重個人的權利與自由」，這是一種相當崇高的理想。也就是注重「個人的獨立自主、私生活的維護、相互尊重、表達自身意見、閃避周遭的壓力、團隊合作、男女平等、自由意志、自由貿易」等價值。這種個人主義似乎起源於法國，感覺充滿各種大道理。

日本人的個人主義則較為單純，是一種得失主義、利害主義。簡單來說就是「個人優先」。

但你是不是會好奇：日本人不是都要懂得察言觀色，喜歡集體行動，跟大家一樣才會感到安心嗎？國立青少年教育振興機構在二〇一八年以日本、美國、中國、韓國四個國家的高中生為對象，進行了一項「高中生身心健康觀念調查」，其中有一題是「會不會擔心自己和朋友不同調？」

大家應該都以為在這四個國家中，最懂得察言觀色的日本高中生回答「擔心」的比例特別高吧？但其實無論男女，都是美國的高中生回答「擔心」的比例一枝獨秀。中國及韓國都和日本差不多。最需要察言觀色、在意自己是否和朋友不同調的反而是美國人。相信許多人都會為此感到意外。日本人當然會察言觀色，但與其說這是發自內心的合群，倒不如說是基於個人利害關係的考量，認為這樣做比較有好處。社會心理學家山岸俊男的實驗結果也顯示，歐美人覺得「和大家一樣比較好」的集體主義、合群主義傾向比日本人更高（出自山岸俊男《日本の「安心」はなぜ、消えたのか》）。

《國王的新衣》這則寓言故事來自歐洲也是很明顯的例子。日本人並不是任何事都覺得和大家一樣比較好，而是會判斷「和大家一樣是不是比較沒風險」，若風險較低，就會選擇和大家一樣。如果認為「和大家不一樣比較有好處」，便會決定不要與眾人同調，完全是根據個人或自己的小圈圈的得失來進行判斷的。會跟大家一樣只是因為對自己有好處，如果沒有好處的話，就失去了跟大家一樣的誘因了。

關於這一點，我曾對約１０００名20至59歲的日本人進行調查。假設午餐時可以拿到免費的便當，共有10個便當發給10個人。但10個便當中只有1個是特級鰻魚便當（價格大約５０００圓），剩下9個是普通的海苔便當（價格約500圓）。你可以當第一個挑選的人，一次只有一個人挑，而且其他人不會知道你的選擇。那麼你會選哪種便當呢？

結果有50％的人選擇了鰻魚便當。你有什麼想法？是覺得竟然有高達五成的日本人選擇鰻魚便當，還是覺得竟然只有五成的人選鰻魚便當呢？

山岸教授也曾以日本與美國的大學生為對象進行相同的實驗。不過實驗不是使用鰻魚便當，而是10隻筆中僅有1隻顏色不同的筆。可以當第一個挑選的人時，無論美國人或日本人，都有50％的人會選擇顏色不同的那隻筆。

無論是日本人或美國人，結果都和便當實驗一樣。

重點在於接下來的問題。

假設所有人都會看著你做選擇的話，你會怎麼做？結果幾乎所有的日本人都選擇海苔便當。原因在於，如果自己在眾目睽睽下選了鰻魚便當，之後便會產生遭人抱怨或嫉妒之類的不良後果。相較於吃到美味鰻魚的好處，被人討厭的壞處更嚴重。這種思維的出發點著重於在別人看得到時，選擇鰻魚便當是有壞處的。

前面提到的關於四個國家的調查還有一題是「你在意朋友如何看待自己嗎？」在四個國家中，回答「是」的比例最低的是美國的52％，最高的則是日本的62％。

簡單來說，日本人在意他人如何看待自己多過自己是否和別人一樣。因為他人的目光代表了他人對自己的評價，會直接影響到自己的得失。當然也有人什麼都不思考，任何事都是「和大家一樣，跟在大家後面就好」。但日本人的潛意識中始終存在著前面所提到的「計算得失」的思維。

這並不是壞事。

衡量利害得失，再決定自己該怎麼做感覺好像很現實，但如果關係到性命的話，這可以說是理所當然的事。另外，面對自己的小孩等至親時自然不是如此，只有在與他人的相處上才會這樣。

在過去的農村，就算沒人在家也不需要鎖門。這絕不是因為大家都很相信別人，而是一旦跑進別人家行竊，就會被排除在村落的共同體之外。偷東西不僅沒有好處，反而有壞處，因此才沒有人會偷竊。在這種前提下，如果還是有人堅持要上鎖的話，大家反而會覺得「這個人是不是不信任我們」，甚至遭到全村村民的霸凌，所以自然要配合大家的想法。

日本戰國時代的武將也將背叛主公視為家常便飯。就算過去站在同一陣線、情同手足也算不上什麼，如果背叛他人能讓自己活下去，那一定會毫不猶豫地選擇背叛。背叛自己主公最有名的例子就是在本能寺謀害織田信長的明智光秀，但他並不是唯一一個背叛織田信長的人，荒木村重、松永彈正、淺井長政都曾經背叛過織田信長。另外像是陶晴賢、齋藤道三、宇喜多直家、穴山梅雪等，也都有背叛主公的紀錄。

關原之戰根本可以說是由一連串的背叛交織而成的。著名的前田利家也曾在賤岳之戰時背叛柴田勝家，但柴田勝家自己也同樣在織田信長年輕時當過背叛者。被晚年的德川家康視為好友的本多政信，也曾在三河的一向宗門徒起義時與德川家康劃清界線。

說到這，一切都是基於利害、得失所做出的選擇也不為過。

大家或許會覺得這樣說來日本人是很利己主義的，但這並不是利己主義，而是比較接近「考量自身的得失後做出選擇，這其實有助於為自己及所屬的群體帶來利益」的思維。根據個人得失做出選擇，其實是會創造群體利益的，這才是日本人的個人主義，也與日本人「互助」的精神有關。考量自身的利益時，自然得考量到他人的利益，除了雙方外，還必須顧及社會大眾的觀感。

建立在他人損失上的個人利益只騙得了一次，不可能一再成功。

第六章會進一步詳述人際關係與得失的主題。

「單身」也有各種型態

我從二〇一四年開始持續進行「單身」的研究，無論是否有配偶，只要符合「喜歡獨自一人」的價值觀，我就會將這樣的人定義為獨活程度高的獨活男、獨活女。同樣是單身狀態，有的人是未婚單身，也有人是婚後因為喪偶或離婚而恢復單身。有些單身的人是自己一個人住，但和父母同住的單身人士最近也愈來愈多。

因此單身的人是無法一概而論的。

即使未婚也會因為獨活程度與結婚意願的高低而在價值觀及行為特性上出現極大的差異。簡單來說，獨活程度是未婚者的顯著共通特徵，也就是「在經濟、社會、精神上追求自由與獨立」的價值觀。

我展開「單身」研究後，在五年的時間中總計調查超過十萬人，所得到的結果顯示：這項特徵與結婚意願的高低有高度相關性，且男女之間不太看得出獨活程度的差異。在這5年中，獨活程度高的人幾乎都維持在40～45％之間。

當然，這並不是「能否結婚」的判斷依據，也是有獨活程度高但依舊選擇結婚的人，反之亦然。不過，除了未婚外，將已婚的人也納入檢驗就會發現有很多地方都說得通了。有趣的是，不只是單身的人，已婚男女在獨活程度的比例也沒什麼變化。有一定數量的人雖然已經結婚，但依舊維持獨活程度高的狀態（已婚男性尤其多）。

其實每個人一開始都是單身的，單身時習慣自己一個人從事各種活動的人也不會因為結了婚，所有價值觀就在一夕之間翻轉。這樣說起來，大家所認識的人之中應該多少都有那種即使是結婚了，卻還是喜歡找女生聯誼、晚上跑出去玩的男人，或是死都不肯放棄婚前興趣的男人吧。

圖2-4用未婚、已婚及獨活程度的高低分出了四個象限。為方便理解，數字都以整數表示。首先是圖的左側，獨活程度低的人佔了整體的六成。其中，已婚且「重視家庭，是稱職父母」的「不獨」族群最多，佔整體的四成。

獨活程度低且未婚的「假性獨」族群目前雖然單身，但遲早會結婚，並在未來變成

圖2-4　四種不同的獨活類型

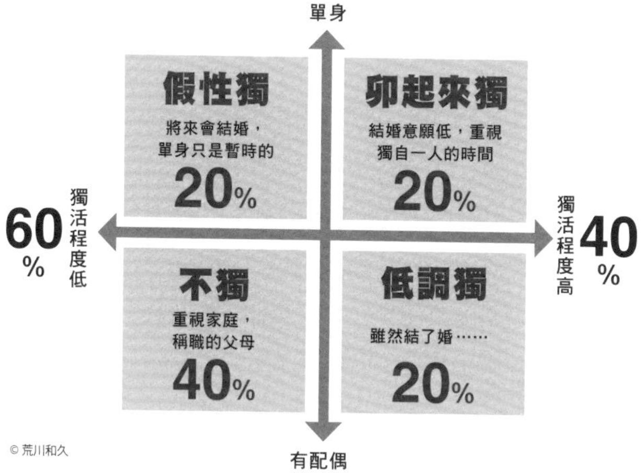

「不獨」族群。然而，目前有許多「想結婚卻一直結不了婚」的假性獨，也因為這樣，男性50歲時的未婚率才會高達23．4%。

接著來看圖右側的獨活程度高的人。右上方是未婚且結婚意願低、獨活程度高的「卯起來獨」族群，這個族群便是我所定義的未婚「獨活男、獨活女」，佔整體的兩成。

右下方則是雖然已婚，但仍維持高獨活程度的人。這種人也佔整體的兩成，我命名為「低調獨」（※過去我曾稱之為「隱性獨」）。

遺憾的是，「低調獨」就算結婚了，也有可能因為離婚而變回「卯起來獨」。那些不斷離婚、再婚的男性，便是一直在「卯起來獨」和「低調獨」之間來來回回。或許有人會感到訝異，在六成的已婚者中竟然有多達兩成的「低調獨」。但仔細想想，日本目前每三對夫妻中就有一對離婚，如果這些離婚都是來自「低調獨」族群，那數字就對得起來了。基本上，在獨活程度的軸線上由一端移動到另一端的例子相當少見。唯一的例外是「卯起來獨」在結婚後也仍然是「低調獨」，但當小孩出生後，價值觀會出現一百八十度的大轉變，搖身一變成為「不獨」族群。這種例子在年過40後才生小孩的「低調獨」身上尤其常見。

一位在單身時是「卯起來獨」的男性（42歲）就表示：「在女兒出生後一切都變了。結婚以後我原本還會和狐群狗黨晚上跑出去玩，但現在我的重心完全放在家裡，或者應該說是放在女兒身上，對其他事情已經沒有興趣了。」

這四個族群在價值觀上的差異尤其明顯。「假性獨」和「卯起來獨」雖然都是未婚，但幾乎是兩種完全不同的消費族群。「假性獨」反而還比較接近「不獨」（雖然還沒結婚）。相反地，「低調獨」儘管已經結婚，但和「不獨」完全不同，倒是和「卯起來獨」的價值觀相同。男女的消費行為雖然有些許的差異，但大方向上是一致的。會自己一個人去遊樂園玩、去旅行，從事「獨活」的是「卯起來獨」和一部分的「低調獨」。

這些族群今後在消費市場的影響力將不容小覷。消費市場過去幾乎都是靠「不獨」族群帶動的，但這是因為日本以前是處於皆婚社會。未來日本將有半數的人口是單身，因此，市場的主要目標已經不再是「不獨」了，合計佔了六成人口的「卯起來獨」、「假性獨」和「低調獨」族群將成為多數，扮演活化獨活市場的角色。

話說回來，我自己在演講或受訪時常被問到，既然獨活程度並不是判斷是否適合結婚的依據，那是不是可以設計出「診斷能否結婚」之類的測驗。是否能結婚這件事也許還和個人及環境方面的因素有關，並不是單由價值觀決定的。既然有這個機會，我還是抱著好玩的心態設計了一套診斷標準。

這套診斷是根據未婚與已婚者在共同特徵上的差距來制定的。未婚者與已婚者之間有明顯差距的部分，也可以看成是決定是否結婚的分歧點。在挑出這些特徵後，我發現

圖2-5　不適合結婚的人的共通特徵

1	會因為沉迷於某件事而忘記時間	
2	認為工作的結果比過程重要	
3	想經營（已經在經營）副業或兼差	
4	自豪自己的貢獻超出薪水的價值	
5	想要安逸過生活	
6	努力設法讓父母以自己為榮	
7	即使不工作就有錢也還是想去上班	
8	不太想遵循常規	
9	認為男人不可以示弱	
10	容易一見鍾情	
11	有人對自己好的話就會喜歡上對方	
12	會視對象刻意以不同面目示人	
13	內心常常無法放鬆	
14	好勝心強	
15	遇到困難時會自己先想辦法處理	

作者根據2018年SOLOMON LABO調查（日本全國20～59歲未婚男女，N＝632），挑出未婚共通特徵與已婚共通特徵差距特別大者製作而成。

診斷基準參考

- **打〇項目在8項以上的人很有可能不適合結婚。**
- **若第15題是打〇的話，即使其他題目的〇在6個以下，還是很有可能不適合結婚。**

※即使有8個以上的〇也不代表就無法結婚。

※這項診斷是以目前已婚與未婚的人之間的差異為基礎設計出來的，建議當成小遊戲來看就好。

3 章

結婚可以帶來幸福嗎？

已婚的人比較幸福嗎？

參加婚活的女性常會說：「我想要結婚得到幸福！」但是，結了婚真的就會幸福嗎？我曾在二〇一四年至二〇一八年連續五年進行未婚者與已婚者的幸福程度調查。這是一項主觀調查，參與者會從「非常幸福」到「非常不幸福」等表示程度的5個選項中做出選擇。這5年的調查有3項共通特徵：

①未婚者的不幸福程度比已婚者高。
②男性的不幸福程度比女性高。
③無論男女，40至49歲都是最不幸福的。

彙整後發現日本最不幸福的族群是40至49歲的未婚男性。我們先來看年齡這一點，為何男女雙方都是40至49歲最不幸福？

圖3-1　未婚的40多歲男性最不幸福

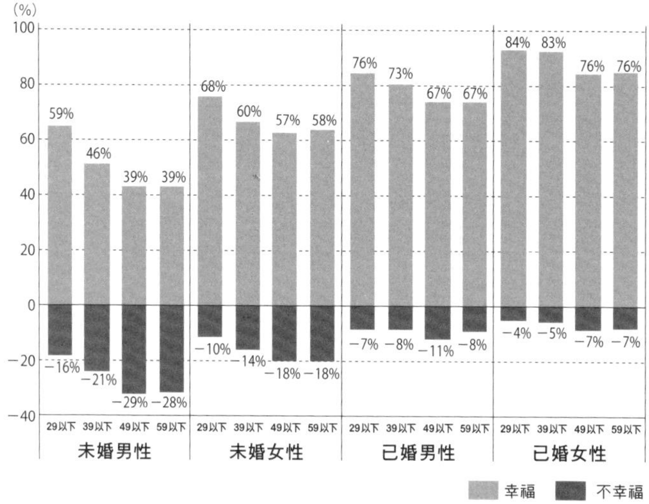

出自2018年SOLOMON LABO調查（日本全國20～59歲男女，N＝20000）。

尤其是40至49歲的未婚男性感到幸福的比例僅有39%，是最低的；覺得不幸福的有29%，在所有族群中比例最高。

同樣是40至49歲的未婚女性也是幸福程度最低、不幸福程度最高，比例分別為57%與18%。這雖然可以解釋成一直到40多歲都還未婚，因為無法結婚導致不幸福程度到達最高峰，但應該也還有其他因素。

40至49歲這一代是所謂的失落世代。失落世代是指一九七〇～一九八二年前後出生、在泡沫經濟崩壞後的不景氣時期求職的人，也叫作「求職冰河期世代」。在進行調查的當下，一九七〇年代出生的人正好是40多歲，與失落的世代一致。另一方面，已婚者的幸福程度會隨年齡的上升而略為下降，但幾乎所有年齡層都有八成以上的人感到幸福。

事實上，其他國家同樣也是已婚者的幸福程度高於未婚者。

根據二〇一二年的ＩＳＳＰ國際比較調查「家庭與男女的角色」，在39個調查國家中，有接近九成的35個國家是已婚者的幸福程度較高（在將幸福程度分為7個等級的選項中，選擇程度最高的三個選項者將視為感到幸福）。只有5個國家的未婚者幸福程度較高，分別是保加利亞、立陶宛、捷克、墨西哥、台灣。

這五個國家無論在地域、民族或歷史上都沒有共通之處。

台灣在二〇一〇～二〇一四年的全球價值觀調查中，同樣是亞洲唯一未婚者的幸福程度較已婚者高的國家。

另外，在已婚者與未婚者幸福程度的差距方面，男性的差距較女性大。日本人的已婚幸福程度在調查中高居第三，如果只看男性的話更是居於首位。這其實也代表相較於

圖3-2 已婚者的幸福程度較高是全球趨勢

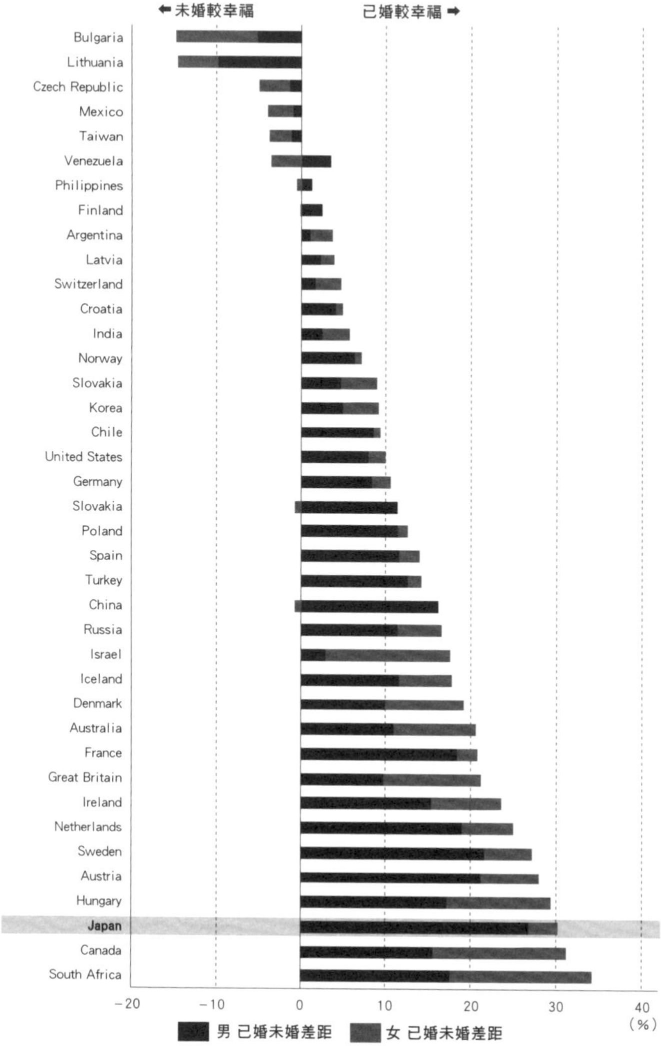

作者根據2012 ISSP「Family and Changing Gender Roles」製作而成。

圖3-3　日本未婚男性的不幸福程度居全球之冠

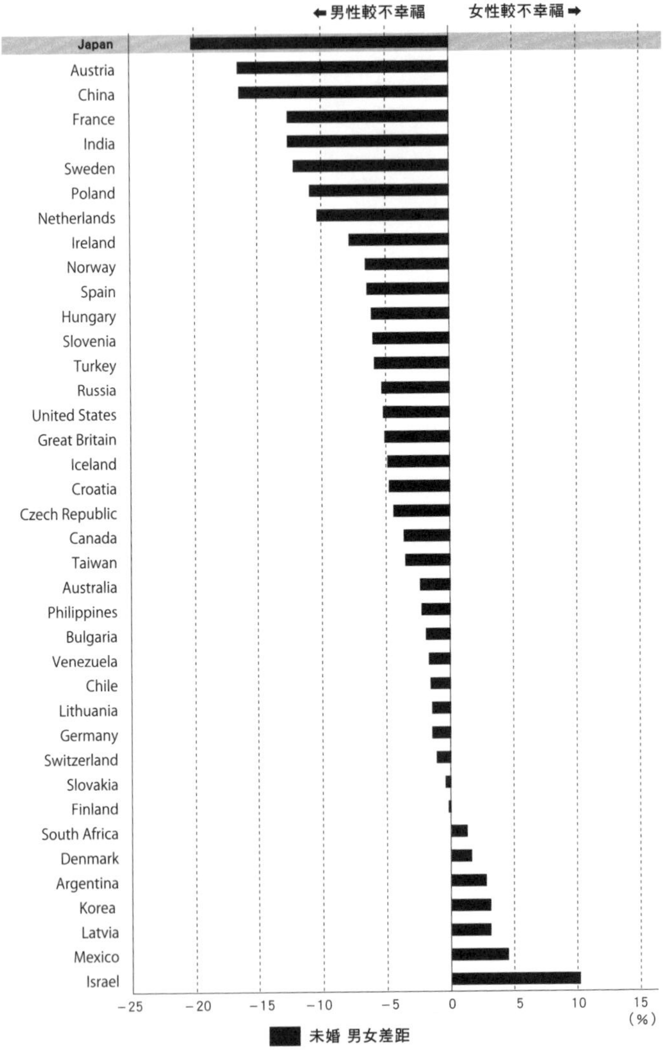

作者根據2012 ISSP「Family and Changing Gender Roles」製作而成。

已婚男性，日本未婚者的不幸福程度非常高。拿未婚的男女性來做比較的話，結果更是明顯。與未婚的女性相比，日本的未婚男性可說是全世界最不幸福的。

以全球範圍來看，同樣都是已婚者的幸福程度高於未婚者、未婚男性較未婚女性不幸福。

這些調查都只是主觀認知，未婚與已婚、男性與女性的差距也只是在同一國進行比較，無法就此斷定「日本的未婚男性是全世界最不幸福的一群人」。但對日本男性而言，結婚與否似乎像是一種印記，主宰了幸福或不幸福的感受。

順帶一提，你知道哪個國家正好與日本完全相反，未婚者的幸福程度較已婚者高，且未婚男性較未婚女性更幸福嗎？答案是——墨西哥。

「結婚可以帶來幸福」不過是一廂情願的幻想

前面提到過，如果拿結婚與否來做比較的話，除了少數例外，全世界都是已婚者的幸福程度高於未婚者。至少就日本而言，男女生都是已婚者較幸福。

但如果解釋成「只要結婚就能得到幸福」，那可是將「相關性」與「因果」這兩個觀念搞混了。「大多數結婚的人都感到幸福」是相關關係，但並不等於「結婚可以帶來幸福」的因果關係。同樣的道理，「幸福的人都是結婚的人」也不成立。

有一個詞叫作「聚焦錯覺」。

這個詞是諾貝爾經濟學獎得主，被譽為行為經濟學之父的美國心理學暨行為經濟學家丹尼爾・康納曼所提出的，指的是人的一種心理偏誤，深信某種特定狀態下存在著能左右自己幸福與否的分歧點，就像是「讀好學校可以帶來幸福」、「進入知名企業可以得到幸福」、「結婚可以讓人幸福」等。簡單來說，就是「一廂情願所產生的幻想」。

設定目標並努力實現固然重要，但不代表學歷、工作、婚姻會自動帶來幸福。例如，想結婚的女性常會說：「雖然還沒有對象，但我好想結婚。」這正是一種錯誤的期待，認定自己只要結了婚就能得到幸福。

「結婚可以帶來幸福」這種思維反過來說，就等同於「無法結婚的話就無法得到幸福」、「沒有結婚就是不幸福」。這就像將希望寄託在結婚這種特定的狀態上，排除了其他的選項。我認為這種思維反而加強了單身人士覺得自己不幸福的感受。

那麼單身人士要怎麼做才能得到幸福感呢？

單身者和已婚者的最大區別在於——自我的能力和自我肯定之間的差距。

已婚者可能不認為自己特別有用、有貢獻，但卻高度的自我肯定。簡單來說就是或許自己的能力並不突出，但還是喜歡自己。

至於單身人士則覺得必須是有用、有貢獻的人，才會自我肯定；無論男女皆是如此。讀好學校、進入知名企業、獲得高薪等會讓單身人士覺得自己是有用的人，但也只能在這些部分得到自我肯定。沒有讀好學校、薪水不高的單身人士感覺不到自己的能力或貢獻，因此也就不會有自我肯定感。

就某方面來說，容易覺得自己不幸福，或許就是因為將能力、貢獻與自我肯定綁在一起了。換句話說，只要掙脫不了「無法肯定能力不突出、沒有貢獻的自己」這個枷鎖，就永遠無法提升自我肯定感。

常有人問我：「要怎麼做才能提升自我肯定感？」

雖然我覺得過於依賴他人的指導不是件好事，但在這邊我可以提供一項建議，那就是多自拍。缺乏自我肯定感的人通常都不喜歡自己，往往不滿意自己的臉、聲音。無論男女，缺乏自我肯定的人有項共通點——手機裡的自拍照非常少。為何自拍有助於提升自我肯定感呢？因為可以讓人習慣看到自己的臉。這種方法叫作單純曝光效應。不需要強迫自己喜歡，只要習慣就好。

設法讓自己喜歡某樣事物是很費力的，但如果是習慣的話只需要每天重複就行了。有種說法認為「應該把自己喜歡的事變成工作」，但我不贊成。找出自己喜歡的事已經很不容易了，真正付諸實行想必也會很辛苦。到頭來，恐怕很多人在走到這一步前就都放棄了。

我認為不用管喜歡不喜歡，先試試看就對了，然後再設法持續下去。等到習慣之後，或許就會產生「我好像喜歡這件事」的想法。

喜歡自己、肯定自己並不是什麼困難的事情。肯定自己所需要的並不是意志力，許多人往往是因為太執著於理論而無法做到自我肯定，如此而已。

不是變得幸福，只是「感覺不到不幸福」而已

四、五十歲這個族群最不幸福，這樣的現象其實是世界各國皆然。根據史東博士在美國對35萬人進行的研究，10多歲與80多歲的人幸福程度最高，最低的是40到50歲出頭的人，人生中對於幸福程度的感受呈現U形曲線。為什麼年紀大了幸福程度反而又會提升呢？

老人家給人的感覺通常是慈眉善目，但近來卻也出現了許多搭車時對沒有讓座的年輕人發飆、在公園怒斥開心玩耍的小朋友、去超市結帳時擺出奧客姿態……等，實在不像是過得幸福的「老害」。

有一個詞叫作「負面偏誤」。

我們在看到動物的屍體、蟑螂等令人不悅的圖片時，反應往往會比看到一般的圖片

或小寶寶等可愛圖片時更加強烈。簡單來說，接收到的資訊愈是令人不悅，反應就愈激烈。年輕人對此尤其敏感，但年紀大了後會逐漸趨於平淡。這可以用累積了各式各樣的人生閱歷後，就不會受雞毛蒜皮般的不愉快所影響來解釋，但也可以說單純是情緒起伏變遲鈍的老化現象。

科羅拉多大學的基斯勒博士曾對此進行了多年的研究，得到了「負面偏誤會隨年齡降低」的結論。對於經歷過喪偶或罹患重病等人生苦難的老人來說，負面偏誤會愈少。史丹佛大學的馬薩博士等人關注的則是腦部的杏仁核。杏仁核負責掌管情緒，一般認為與恐懼、不安等負面情緒有關。馬薩博士發現，老人是在接觸到正面資訊時會出現強烈反應，而非負面資訊時。換句話說，老人的杏仁核有助於正向情緒的產生。

為什麼原本與負面情緒有關的杏仁核在老年人身上反而扮演了帶來正向情緒的角色呢？與其說是「年紀大了以後負面情緒會減少，正向情緒會增加」，我倒認為有可能是老化導致杏仁核失靈了。

但其實也可以換一個角度來想。

不安、恐懼、不悅等負面情緒愈多，就會感覺愈不幸福，這一點是無庸置疑的。年輕人受負面偏誤影響的程度更大，因此更容易感受到負面情緒，而40多歲的人已經在人生中累積了許多不好的經驗，所以會覺得比年輕時更不幸福。老年人累積的負面經歷比40幾歲的人更多。這樣說來，應該是年紀愈大，感覺愈不幸福才對。之所以沒有這樣，我認為這或許與腦部的防禦機制有關。人的負面經歷會隨著年齡的增長而愈積愈多，全部承受下來的話，精神上會吃不消。因此，我推測到了一定的年齡後，人體就會啟動負面資訊麻痺機制。這樣的話，年紀愈大，就愈不會接收負面資訊或負面經驗，變得不容易感到不幸福了。換句話說就是對於刺激變遲鈍了。

並不是老了會變幸福喔，只是單純的不容易感到不幸福而已，這樣解釋的話或許就說得通了。

其實對於幸福感而言，西方人與日本人也有所不同。

前面提過，史東博士指出10多歲與80多歲的人幸福程度最高，幸福程度與年齡的關係呈現U形曲線。根據日本內閣府二〇一八年版「國民生活白皮書」中日本人與美國

圖3-4　日本人上了年紀後幸福程度也不見提升

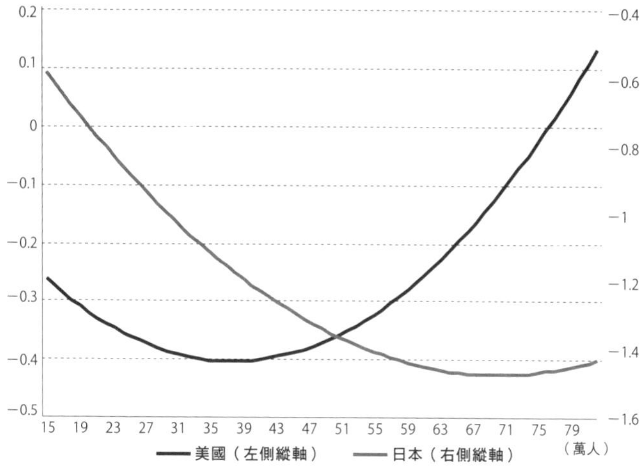

出自內閣府 2018年版「國民生活白皮書」圖表1-3-5。

人的年齡幸福曲線調查結果顯示，美國人的確呈現U字形，且60歲以上所有年齡層的幸福程度皆高於10多歲，在80歲以上達頂峰。但日本人的幸福程度則在十多歲時達到最高峰，40至50多歲時跌至谷底，之後雖然略有上升，但幾乎沒有改變。

從圖3－4可以清楚看出兩國的曲線剛好完全相反。這不禁讓人覺得，電車上或公園裡那些脾氣不好的老人家其內心終究是充滿不幸的吧。

這純粹是出於想像，但我認為這些人之所以隨便發脾氣或許是為了抹去內心的缺憾或不幸福。也可藉此推測，對這些老人家而言，表現出自己的怒氣正是在做「正確的事」，並藉此稍微感到滿足。

如果真是這樣的話那就很麻煩了。

之前曾經有所謂的「正義魔人」喜歡擅自搬走商店街裡的腳踏車或廣告旗幟，一時之間還引發了社會討論。這種人也認為自己的行為代表正義，並引以為傲。

不只是老人，任何人相信「自己是對的」的時候，都會完全聽不見反對的聲音。一旦懷抱著自認為正確的信念，人就會像吃了無敵星星一樣。

後面也會說明其實這種現象也和已婚者與未婚者間的對立、分裂有著密切的關係。

擔心「孤獨死」之前該做的事

「不結婚的話會孤獨死喔！」

許多未婚人士不知道已經被這句台詞轟炸過多少次了。說出這種話的人不見得都是心懷惡意，反而有些人是出於善意、擔心沒結婚的人將來該怎麼辦才好，所以才會說出這樣的話。我只要在網路上發表單身相關的文章，底下的留言一定會出現這類論調。

如果是出於好心要給忠告的話，「不結婚會孤獨死」那可就搞錯重點了。正確來說，應該是「孤獨死的男性幾乎全都結過婚」。仔細思考一下就會發現，目前正面臨孤獨死問題的老年世代，不正好就是經歷了結婚率幾乎是百分之百的皆婚時代的人嗎？

話說回來，孤獨死又有什麼不對呢？

每個人不都是獨自一個人迎接死亡嗎？如果硬要帶著別人一起赴死的話，那不就成了犯罪。親人圍繞身邊、在大家的啜泣聲中死去就不是孤獨死了嗎？我不明白，孤獨或不孤獨在臨終那一瞬間有意義嗎？

已婚人士之所以忌諱孤獨死，或許是因為潛意識中存在著「拜託不要讓我孤獨死」的想法，於是用這種間接的方式向另一半、子女表達自己的訴求。情感上雖然可以理解，但我忍不住想說：「大家到底要依賴家人到什麼時候？」

孤獨死一般是指「獨居的人在家裡因為自殺或他殺以外的因素，在無人照料的情況下死去」。即使有親人，死亡時如果是獨自一人、沒有其他人在身旁的話，也同樣算是孤獨死。但其實孤獨死在法律上並沒有明確的定義，在警察廳的死因統計中將孤獨死歸類為橫死。除了孤獨死外，也還有「孤立死」、「獨居死」等各種稱呼，因此官方並沒有能夠釐清孤獨死詳細情況的正式統計。

從東京都福祉保健局公布的「東京都監察醫務院經手之自宅死亡單人家戶統計（異常死亡數）」來看（範圍僅限東京23區內單人家戶數），二〇一五年所有年齡的孤獨死人數共4690人，為二〇〇三年的1.6倍。

網路上偶爾會出現孤獨死已經不是高齡人士的專利，40歲以下的青年孤獨死也愈來愈常出現在報導上。但我並不贊成將少數案例誇大為普遍趨勢，一味煽動恐懼的做法。

前面引用的東京23區的統計中，40歲以下孤獨死的男女合計比例僅有一成，60歲以上則佔了76%；其中的三分之二是男性，代表孤獨死的總數中有超過一半是60歲以上的男性。根據一般社團法人日本少額短期保險協會的孤獨死對策委員會二〇一九年發表的「第4次孤獨死現狀報告」，40歲以下的孤獨死比例約為整體的兩成。另外，從二〇一七年厚生勞動省人口動態調查的「無人在場的死亡者人數」來看，有75%為60歲以上。孤獨死終究還是集中於年長者。

孤獨死的主因在於斷絕了與他人的往來。

在高齡單身人口中，雖然女性佔大多數，但男性孤獨死的數量卻是女性的兩倍，這項事實說明了男性缺乏與他人維持連結的能力。

根據前面提到的「第4次孤獨死現狀報告」，孤獨死的原因有六成是病死，11%為自殺。從人口動態調查得知，在所有死亡人數中，死因為自殺者不到2%，因此可以說孤獨死中的自殺比例相當高。

孤獨死往往是「自我忽視」演變而來的，這是一種雖然生理上仍然活著但心理上卻已經放棄活下去的狀態，或許可以稱之為「心靈自殺」。與其擔心「獨自一人死去」，更重要的反而是「不要活在孤獨中」。

後面會說明過去曾經結婚的男性，為何最終孤獨死去。

家人或工作不該是唯一的依靠對象

要怎麼做才能在步入老年、只剩下自己一個人後也能活得精彩？朝日新聞Re Life Festival的「Real讀者會議」曾在二〇一九年三月討論過這個主題。

上了年紀後，健康是大家最在意的一件事。

生活習慣病或是癌症等疾病固然需要提防，但還有一種「看不見的病」會悄悄找上高齡的已婚男性，那就是「妻子依賴病」——這是指身邊只有老婆一個人可以依靠的狀態。不過這只是我自創的名詞，並不是醫學上的正式病名。這種病經常會突然發生於兒女離家自立、自己也退休沒有工作的已婚男性（尤其是退休前只懂得工作，毫無興趣嗜好的人）身上，依賴妻子的程度就像是在對媽媽撒嬌一樣。

根據二〇一〇年內閣府「第7次高齡人士生活與觀念國際比較調查」，詢問60歲以上的夫妻「視為心靈支柱的對象」所得到的結果，有78．8％，也就是近八成的日本丈夫，他們的回答是——妻子。相較於美國（57％）及德國（69％），依賴配偶的比例非常高。相反地，妻子依賴丈夫的比例為日本54％，美國38％，德國37％，皆低於丈夫依賴妻子的比例。也就是說夫妻之間並不是彼此互相依賴，而是丈夫單方面地依賴妻子。雖然美國及德國也同樣是丈夫依賴妻子的比例較高，但仍舊不及日本。

這項調查中，「視為心靈支柱的對象」還有子女、兄弟姐妹、朋友等選項，日本男性選擇朋友的比例也是這三個國家中最低的。除了家人以外沒有可以依靠的對象，這就是日本高齡男性目前所面臨的處境。依靠家人本身並不是壞事，但依靠對象只有家人且僅限於配偶那絕對不是健康的狀況。

最悲哀的是以下這件事。

根據二〇一四年第一生命經濟研究所針對600名60至79歲的男女進行「人際相處觀念調查」（N＝552），認為當自己臥病在床、無法行動時，無法放心讓妻子照顧自己的男性僅有8.8％，但認為無法放心讓丈夫照顧自己的女性卻有41．9％。

這完全只是丈夫一廂情願的依賴。

對於「下輩子還想和同一個人結婚嗎？」這個問題，有58．9％的男性回答「是」，但女性僅有不到三成的27．8％給予肯定的答案。也就是超過半數的妻子覺得「下輩子不想再跟你結婚了」。大家不覺得不勝唏嘘嗎？

就算在一起幾十年了，夫妻雙方的想法差距還是如此之大，這才是真實的狀況。

請各位已婚男想像一下。

如果妻子比自己先離世的話怎麼辦？

萬一結縭多年的妻子突然要求離婚的話該怎麼辦？

你有自信能夠獨自一人好好過下去嗎？

如果突然變成了孤家寡人，你真的有辦法活下去嗎？

離婚男性的內心特別脆弱

自一九九八年起，日本曾經連續14年的全年自殺人數超過3萬人，現在雖然有所減少，但每年還是有超過兩萬人自殺。

其中的男女比例特別值得注意。

自殺的人以男性居多，平均起來幾乎是女性的兩倍。雖然這是全世界的共通傾向，但在進入平成時代後男女比例的差距更加擴大，男性的自殺人數甚至曾經是女性的近三倍。為何男性的自殺人數會增加的那麼多呢？

其實男性的自殺原本就跟失業率高度相關，也就是失業率愈高，自殺率也愈高。

我針對一九六〇年至二〇一七年男、女的自殺率與失業率相關係數進行了比較。如圖3-5所顯示，男性的相關係數為0．9368，極為接近最大值1，為高度正相關。

一九六〇年至二〇一七年的男性平均失業率為2.9，而一九九八年起的14年間，全年的男

圖3-5　男、女自殺率與失業率相關係數圖

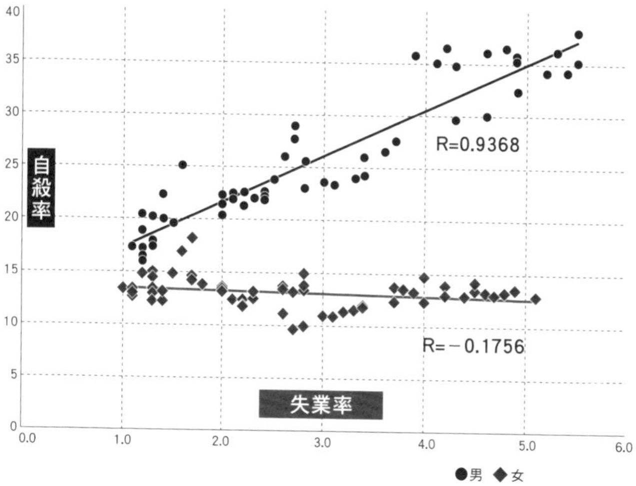

2010年以前自殺率出自警察廳之統計，2011年起出自厚生勞動省之統計。
失業率為作者根據勞動力調查長期時間序列表自行製作而成。

性自殺人數都超過兩萬人，這14年的平均失業率為4.8，明顯高出一截。

至於女性的相關係數則是負0．1756，可以說幾乎不相關。也就是女性的自殺與失業無關。

幸好近年來男女的失業率皆持續下降，二〇一八年十二月的失業率（季節調整值）為男性2.6、女性2.3，與景氣熱絡的九〇年代前期相近。

這樣說來，今後的男性自殺人數應該會減少吧？

但事情並沒有這麼容易解決。

與自殺相關的數據不是只有失業率

而已，還有離婚率。我將男、女的自殺率與離婚率的相關係數製作成了圖表，比較區間是離婚與自殺皆有所增加的一九八九年至二〇一七年（圖3-6）。男性的相關係數為0.9229，呈現高度正相關，與失業率的相關係數幾乎相同。我又選了昭和時代最後30年進行計算，男性的自殺率與離婚率的相關係數是0.6584，女性是負0.3013。女性的離婚率與自殺率在昭和時代反而是負相關，離婚增加時自殺會減少。

但這只是相關性，並不是因果關係，無法做出因為離婚率上升所以男性的自殺率也增加了的結論。但男性在平成時代的自殺與離婚的決定係數是0.85，這意味著離婚率的變化可以說明85%的自殺率變化；而女性的決定係數則為0.25。由此可知這種傾向只出現在男性身上。

若依婚姻狀態來為自殺者做分類，也可以發現離婚男性的自殺有所增加。以一九九二年為基準，依婚姻狀態比較至二〇一七年為止的自殺人數平均增長率，有配偶為1.17，未婚1.72，喪偶1.02，離婚則為2.06，是唯一增加至兩倍以上的。

同樣是失去了配偶，但喪偶男性的自殺幾乎沒有變化。同樣都是變成孤單一人，但

圖3-6　男、女自殺率與離婚率相關係數圖

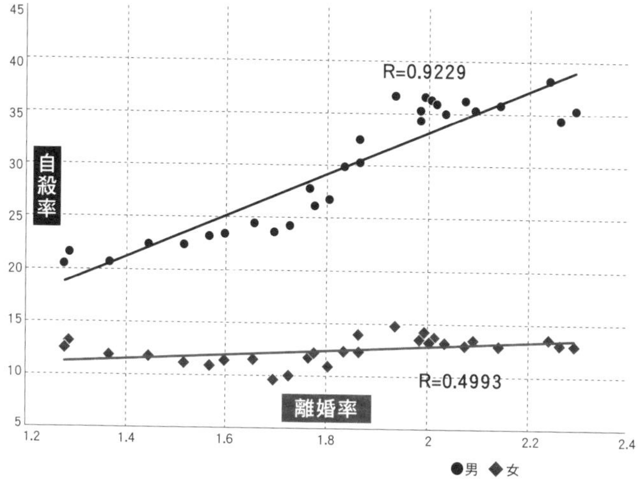

2010年以前自殺率出自警察廳之統計，2011年起出自厚生勞動省之統計。
離婚率為作者根據人口動態調查自行製作而成。

處於離婚與喪偶這二種狀態下的自殺增加人數卻大不相同。

喪偶除了意外等突發狀況外，一定程度上都能事先做好心理準備。另一半離世當然會產生失落感，但喪偶是一種每個人都無能為力的狀況，即使感到悲傷、難過，也不會自我否定。但離婚卻是另一半對自己的拒絕與否定。

即便不是如此，前面也提過，日本的已婚男性在心理上極度依賴配偶。但卻被全心全意依賴的另一半徹底否定，因此離婚男性所承受的打擊與絕望感自然也是非比尋常的。

絕望會產生壓力。壓力被稱為百病之源，且有導致暴飲暴食、酗酒的風險，因此離婚男性的疾病罹患率也高於未婚男性。如果有配偶以外的人可以依靠的話倒還無妨，但萬一連朋友也沒有的話，孤立感想必會更加強烈。

無論是誰，結婚之後都有可能回到單身狀態。

隨著平均壽命的變長，丈夫較妻子活得久的例子也更多了。且近年來，熟年離婚有增加的趨勢。結婚超過20年後才離婚的案例每年都有顯著的增長，在二〇一七年的離婚總數中佔比超過了19％（人口動態調查）。我曾在訪談、演講等場合向多位60歲以上的已婚男性提起這件事，但大部分人的反應都是「我家沒有這種問題」，不太聽得進去。有自信雖然很好，但我建議不妨找個機會用客觀的角度檢視自己的內心及夫妻關係。只有一個人可以依賴，或是只有一個心靈避風港，這種「只有單一選項的依賴」是最危險的。

只依附於配偶而活的男性在失去配偶後便會陷入前面所提到的空虛之中，當對方不在了，對自身的存在也會感到疑惑。

扣掉讀書或工作時認識的，你還有多少朋友？你有辦法不用交換名片就和別人打開話匣子嗎？多存點錢養老雖然很重要，但希望大家別忘了累積人際關係的資本。

再強調一次，已婚者比未婚者更缺乏這種危機意識。已婚男性更應該拓展自己的人際網絡，為可能發生的變故做好準備。這樣說絕對不是在鼓勵外遇，只是希望大家確認一下配偶是不是已經變成你唯一的互動對象了？去學習新的事物或尋找新的工作機會都好，總之，要把握機會和他人往來，這樣才能讓婚姻生活更長久。

社群給人的安全感不是永遠的

丈夫對妻子的依賴之所以愈來愈深，也與外在的因素有關。那就是除了家人以外，原本還有其他社群可以提供安全感的；但如今，與這些社群的連結已不像以往緊密。具體來說，這些社群指的是地域、職場。

從NHK放送文化研究所的「日本人的觀念」調查可以看出，一九七三年至二〇一八年間日本人在人際關係觀念上的變化。這項調查詢問受訪者在親戚、鄰居、職場上的人際關係，想要「全面性的往來」還是「表面上的往來」（不是詢問實際狀況，而是自己的希望），結果「表面上的往來」全都呈現增加，而且「鄰居」這一項更是早在一九九〇年代末期這兩個選項就已經逆轉了。

或許是因為憂心這種狀況，有些企業近年來又開始重新舉辦員工旅遊、員工運動會等昭和時代的例行性活動。這大概是為了讓職場重新成為提供安全感的社群吧。

我認為這樣做並不是壞事，但問題的本質並不在這裡。

就算強化了過去職場所扮演的提供安全感的角色，現在也已經不是一輩子都待在同一家公司工作的時代了，而且就算延後退休，總有一天還是要離開公司的。如果只依附於職場而活、因此而感到安心的話，那麼到頭來還是跟只依附家人而活沒什麼兩樣。

重點在於要多準備幾個能提供自己安全感的社群。但話說回來，「因為屬於某個社群，所以有安全感」，那其實也代表「一旦不屬於這個社群了，安全感就沒有了」。如果對此已經有心理準備的話那倒還好，但神奇的是，我覺得有太多的人都抱持著毫無根據的自信，認為「只要加入某個社群就可以永遠安心，至少自己的周圍應該是如此。」

我建議大家先放下把社群當成避風港的思維。我並不是否定社群具有避風港的功能，但人還是應該多從不同的管道來建立起與他人的連結，兩者並不衝突。

雖然報章媒體常說現在是人生百年的時代，但過去既有的社群頂多只能提供60年的保障。因此我想向已婚人士推薦「三分人生之計」。也就是以30年為單位將人生分成三個階段，每個階段各有需要的社群。

圖3-7對人際關係期望的變化

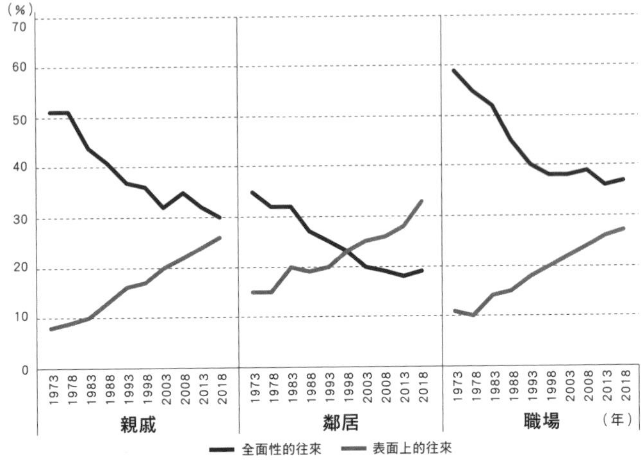

出自NHK放送文化研究會「日本人的觀念」調查。

從出生到出社會工作、結婚為止的30年是第一階段；結婚、生子，並為了養育子女而工作的30年為第二階段；60～65歲以後子女離家自立，回到僅有夫妻兩人的生活，經歷離婚或另一半離世，又恢復單身的30年為第三階段。

到第二階段為止，大家都還能想像得到；但似乎許多人都將第三階段當成是第二階段的延續。前兩個階段與之後的第三階段其實大不相同。

在第一階段，提供安全感的社群是家人（父母）、學校、職場；第二階段則是家人（配偶與子女）、職場。過去還有「地域」這個社群可以在前兩個階段提供給人們安全感，但目前卻在逐漸消失中。

那麼第三階段究竟是什麼？如果將其當作是第二階段的延續，那麼能提供安全感的就只剩下家人（配偶）了。一旦離婚或是配偶去世，就什麼也不剩了。直到某一天才猛然驚覺，原來已經沒有任何外在屏障可以給自己帶來安全感了。這點對前面說過的「離婚男性的自殺率高」影響很大。

其實當妻子的老早就已經發現這一點了，在第二階段時便一步步地建立起第三階段的社群了。因為妻子預測到自己很可能會比丈夫活得更久，進一步說，就是已經有了「即使只剩自己一個人也必須活下去」的心理準備。是否有這種決心，或許就是會不會讓人生變得痛苦難耐的一大關鍵。

第三階段所需要的不是因其身份而能獲得安全感的棲身之所，而是無論身在何方、做什麼事，都能得到慰藉的心靈歸處。

孤獨與孤立是完全不同的兩件事

有些人特別仇視「孤獨」或「獨自一人」，甚至將此視為邪惡的化身。這類人還批評下重曉子的《極上の孤独》（終極孤獨）、五木寬之的《孤独のすすめ　人生後半の生き方》（孤獨的建議：晚年生活的方式）等暢銷書在無意間讚頌了孤獨。

他們宣稱孤獨是多麼的可怕、對健康有多不好，即使你從未聽說過這樣的說法，但卻大力鼓吹這些說法。對我來說，這些不把孤獨往死裡打心裡就不舒服的人才是最孤獨、寂寞的人。

就像一個人吃午餐這件事，把孤獨看成洪水猛獸的人會說：「自己一個人吃飯不寂寞嗎？」但我反而想問：「自己一個人吃飯到底哪裡寂寞了？」

獨自一人的狀態即便算是孤獨，但也稱不上寂寞。寂寞不是從狀態感受到的，寂寞是因為內心空虛而產生的感覺。

見到單身社會的到來，這種人認為「孤獨一個人住的人不斷增加，有那麼多寂寞的人，未來未免也太絕望了。」但這是他們自己的價值觀，覺得「雖然自己一個人住，但卻一點也不絕望，反而很舒服」的人一定也不少。

與孤獨為敵的人可不會就此認輸的。

這些人還會說：「回到家裡只有自己一個人應該很寂寞吧？」或是「應該會很想回到溫暖、有燈光、有人迎接你回來的家吧？」之類的話。錯了，正好相反。有些人就是想回到又冷又暗、空無一人的家，覺得只有這樣才能徹底放鬆自己。

仇視孤獨的人仍然不放棄。

「這種人只是少數啦，大家都覺得孤單一人是很寂寞的。」但就我所知，這種說法毫無根據。

根據出生動向基本調查，「獨自一人也不感到寂寞」的未婚者比例每年都在增加，18～34歲的男性已經快達到五成了，女性也接近四成。當然一定會有人覺得「獨自一人很寂寞」，可是，因為自己寂寞就認定所有人也一樣會感到寂寞，那是說不通的。

圖3-8　不覺得一個人的生活寂寞

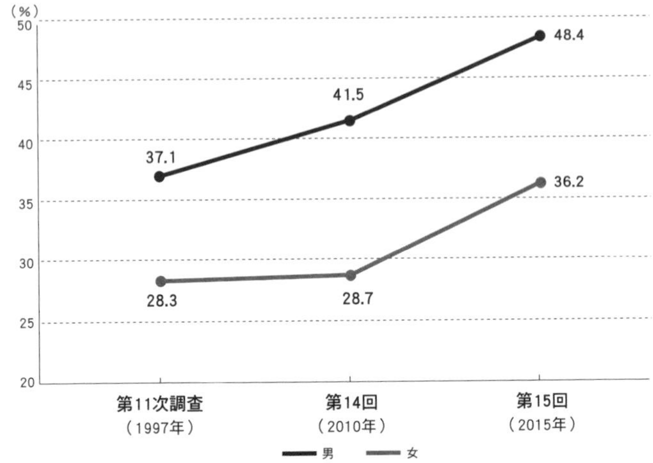

作者根據社人研「出生動向基本調查」製作而成。調查對象為18～34歲未婚者。

還有一種偏見認為，喜歡自己一個人的人都是無法跟別人交流的人。其實正好相反。會這樣想的人都忘了一件重要的事情：

沒和別人相處過的話，是享受不到獨處的樂趣的。回到只有自己一個人的家會覺得放鬆，正是因為回家前已經在公司或某處和別人一起工作、待了一段時間了。整天都只有自己一個人的話，是感受不到獨處的價值的。

人要與他人有連結才有辦法活下去，但也不代表身邊必須一直有人。

丈夫退休後有事沒事總要跟在妻子身邊，結果被妻子嫌棄，甚至離婚收場；這不只是依賴成性的問題，如果是因為沒有妻子待在身邊就會覺得不安的話，那其實已經接近病態了。這簡直和小嬰兒沒看到媽媽就會嚎啕大哭沒什麼兩樣。

請大家仔細回想一下為什麼小時候即使沒看到媽媽也不會哭呢？這是因為自己心裡頭堅信——就算媽媽沒在身邊，她也不會丟下我，一定會回來的。不是嗎？就是這樣。因為在心中與媽媽拉鋸、對抗，才得以誕生出了新的自己，變得能夠坦然面對媽媽不在身邊。

寂寞不是從外在感受到的，而是內心沒有任何人才會有的感受。

因為獨自一人而感到寂寞的人，在向人尋求溫暖前，最好先有「心裡頭的那個自己有所不足」的自覺。

如果不好好充實自己的內心，無論身邊圍繞著多少人，寂寞都不會消失的。

4 章

從頭探討「結婚」這件事

「結婚是戀愛的延伸」這樣的想法是錯的

我在第1章提過「戀愛高手三成法則」，也就是無論在哪個時代，擅長談戀愛的男女大約都只有三成左右。也就是說，任何一個時代，懂得主動談戀愛的人都只有三成上下。但也有人認為，單憑對未婚者進行統計，就斷定只有三成的人是戀愛高手這未免也太過武斷了。畢竟已婚的人不是都談過戀愛嗎？

確實，目前有九成以上的婚姻都是戀愛結婚的，而且日本的有配偶率約為六成。如果加上已婚者的數字，戀愛高手何只三成，應該有近七成才對。

但已婚人士就全部都是戀愛高手嗎？有談過戀愛和戀愛高手是不一樣的。已婚人士中有多少比例是戀愛高手，這個問題會在下一個單元中探討；在此之前，我想先談論一下「結婚是戀愛的延伸」這個誤解。講得更白一點，我想說的是——「戀愛的下一步是結婚」這樣的想法其實是錯的。

當然也有夫妻是談了場轟轟烈烈的戀愛之後才結婚的，也有人是愛情長跑了一段時間後步入禮堂的；但並非所有的人都是如此。我曾在64頁提過相親結婚與戀愛結婚的加分主義、扣分主義，但現在每三對夫妻就有一對離異，這難道不是因為執著於「戀愛的下一步是結婚」造成的嗎？

戀愛和結婚是兩回事。而且可以說過去日本人的價值觀就是如此。我認為「結婚是戀愛的延伸」這種價值觀並非日本人的本質，而是深受西方思維影響所形成的。

首先，「戀愛」是明治時代才出現的，是為了對應「LOVE」才創造出來的新詞彙，原本並沒有這個詞。不過，「戀」和「愛」這兩個字倒是過去就已經存在的。現在所說的「戀愛」，代表喜歡、愛意等情感也是過去就有的。但是「戀」和「愛」是不同的概念。「LOVE＝ROMANCE」是明治時期才被帶進日本的，在此之前並沒有這種概念。那日本過去所說的「愛」到底是什麼？

平安時期的和歌中常使用「相會」這個詞，像是：想再與妳相會、無法與妳相會我十分寂寞……等等。但這並不是我們現在所理解的「見面」的意思，簡單來說那是指男女之間的性事。而「愛」原本是佛教用語，相傳是因弘法大師而普及的，存在著各種說法，也有「無可奈何」的負面意思。因此古代的和歌不太使用「愛」這個字。

或許有人會問，如果說愛等於性的話，那麼家人之愛、夫妻之愛的「愛」又該如何解釋呢？上述的愛指的是「關懷」之意，或許也可以說成慈悲。也就是疼愛、關懷孩子的概念。

相信大家都知道「可愛」這個詞。其實「可愛」原本是「可憐、遺憾」的意思，代表想要對弱小者伸出援手的心情，到了中世後期才轉變為「討喜」之意。對日本人而言，關懷幼小、柔弱、地位比自己低的人，正是現代詞彙中所說的「愛」。因此，對男人而言，要保護像妻子這樣的弱者，才能確認自己在社會中扮演的角色。這樣的角色一旦遭到剝奪，便失去了存在的理由了。離婚男性的自殺率之所以特別高；或是即使沒有自殺，但已陷入心死的自我放逐狀態都是這種情感所造成的。也可以這麼說：男人一旦沒有了「有人需要靠自己保護」的意識或自負，就會活不下去。

那麼「戀」又是什麼呢？

《萬葉集》中常出現將「戀」寫作「孤悲」（在日文中兩者的讀音是相同的）的例子。「孤悲」就是「獨自一人神傷」，所表現的正是單戀的心境。「悲」是由「心」與「非」組成的。獨自一人思慕單戀對象，失魂落魄的狀態便是「戀」。

這是有段時間的事了，某報紙的讀者在二〇一六年投書專欄詢問「40多歲的男性愛上了公司裡的20多歲女性，請問該怎麼辦？」雖然提問的讀者自稱「我的內心住著20多歲的男子」讓人覺得似乎有點中二病，但我想他應該是個認真、成熟，能夠客觀看待事物的人。即使已經40多歲了，如果是戀愛高手的話，應該馬上就會告白；是跟蹤狂的話，大概也已經傳了上千則訊息給女方了。

報社請來的專家對這則投書的回覆當然是「這只是你的幻想，醒醒吧」這種直接了當、絲毫不留情的回答。網路上的留言也大多是噁心死了、自作多情、去照照鏡子吧，之類的風涼話；甚至還有人認為40多歲的中年人還談什麼戀愛。真的是這樣嗎？年過40就不能談戀愛了嗎？年紀和戀愛應該沒有關係吧？至少我是這麼認為的。

如果讓我來回覆的話，我會這樣說：**你不需要抹殺自己的愛意，但也絕對不可以讓人知道，應該要藏在心底；一輩子也不要將心意說出口，把愛放在心裡活下去吧！因此而感受到的苦澀、坐立難安、不自由，正是戀愛最迷人之處，也是戀愛的終極形式；這是闡述「武士道乃是尋死之道」的《葉隱》之中也曾提及的男人美學。**

再次強調，戀愛就是在重新確認苦悶、難過的心情。畢竟連《萬葉集》也將「戀」寫作「孤悲」。如果你受不了這種苦悶心情的話，也可以馬上向對方告白，然後被貼上「噁心大叔」的標籤。

雖然我答覆也很直白，但我想說的是，「戀（孤悲）」就是這麼回事。

至於江戶時代看待「戀」的態度，則是認為戀就是——心情不定。田中優子曾在《江戸の恋》中曾提到：**心情不定指的是「心裡飄飄然、不踏實」，而非身邊已經有伴侶，卻還跟他人眉來眼去的意思。這是一種內心愉悅，整個人好像要飄起來的感覺；所以說「戀」就是「心情不定」。**

江戶時代的劇作家近松門左衛門所寫的《曾根崎心中》被視為是「戀之典範」。這是真實故事所改編的，描述商家夥計悲戀遊女的戲曲。結局是兩人一同殉情赴死。但就現實角度而言，這兩人原本就不可能共結連理。所謂現實角度是指「金錢」及「他人的婚姻」。但男女主角還是選擇在愛情路上一同走下去。如果想要忠於自己、不向現實低頭，那就只有殉情一途了。因此可以這麼說，「戀」就是如此無奈的一件事。相對於「戀」是「心情不定」的意思，若將「堅定認真的心意」視為對配偶或家人的「愛」，那應該就能理解「戀」和「愛」為何是兩回事了。

另外，江戶時期平民的性觀念其實是相當自由奔放的，也覺得肉體關係不過是「遲早會醒來的夢」。正因為這樣，「戀」是「心情不定」，是全心投入在心裡飄飄然的狀態，是一種被動的情感。所以說，日本人在戀愛上常處於被動並不是什麼新鮮事。

我相信即便如此還是會有人認為結婚是戀愛的延伸、雖然結婚了也還想談戀愛。

我沒有要否定的意思。

但也可以預想，如果將戀（心裡飄飄然）的狀態套用到現實生活（婚姻）的話，夫妻其中的一方勢必會外遇，最終導致婚姻破局。

那這樣就不是結婚，而是一直在外遇了。

因此，選擇「結婚是戀愛的延伸」的思維，或許也代表選擇了要一輩子為外遇、偷吃所苦。

我認為女性之所以喜歡看愛情劇、愛情電影或戀愛實境秀，是因為那是一種「模擬外遇」。透過這些影視作品可以讓她們進入虛幻的世界、沉浸在心兒怦怦跳的情緒之中，得到短暫的慰藉。看愛情劇時產生怦然心動的感覺是「戀」，對偶像放聲尖叫也是「戀」，因為在那當下都是心情飄飄然的狀態。

但與眼前活生生的人結婚就不是「戀」了，是生活、是現實。這件事的推手則是日本法律所規定的婚姻關係。

就這層意義而言，在意男方年薪的婚活女性可以說是在追求結婚，而非戀愛。這麼做一點錯也沒有；但遺憾的是，就像第一章說過的，這會陷入因結構問題而找不到人配對的困境。

「已婚的人」＝「戀愛高手」嗎？

延續前面的討論，這一節要來談談已婚者是否都是戀愛高手這個問題。

為了探討這一點，我曾在二〇一九年對日本全國20至59歲的2萬名未婚、已婚人士進行調查，將戀愛上的強弱程度化為數據。調查的問題包括：自己是否擅長戀愛、對於戀愛是否主動、有無向異性告白過、有無異性向自己告白過、對自己的外貌是否有自信、過去曾交往過的人數……等等。依程度以1～5分作答，所有項目的平均分數在4分以上的人歸類為戀愛高手。最終的數字是對照二〇一七年就業結構基本調查中的就業人口計算出來的。

結果顯示已婚者中的戀愛高手比例較高，且20至29歲的已婚女性有超過了五成屬於戀愛高手。但20多歲一枝獨秀是因為這個年齡層的結婚數原本就少，且20多歲就結婚的年輕人大多是奠基在戀愛關係上。30歲以上的結果則與出生動向基本調查相同，姑且不

圖4-1　未婚、已婚者之各年齡層戀愛高手比例

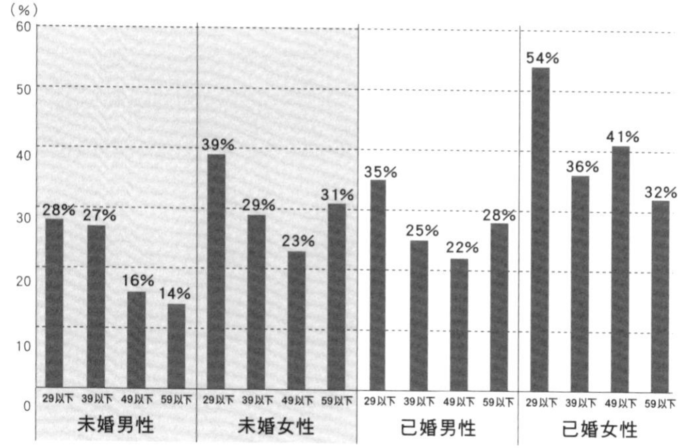

作者根據2019年SOLOMON LABO調查（日本全國20～59歲未婚、已婚男女 N＝20,000）結果之比例對照就業結構基本調查之就業者人口構成製成。

論各年齡層的微幅變動，戀愛高手的比例都穩定維持在三成左右。

在已婚人士中，絕對不是所有人都是戀愛高手，戀愛高手也不一定就會結婚。在第1章中已經提過，一九八〇年以前的日本之所以人人都有婚可結，是因為有相親及職場的撮合。

那麼實際上結了婚的夫妻又是怎樣的配對的呢？是戀愛高手與戀愛高手結婚，還是戀愛高手與戀愛小白在一起呢？我對此進行了調查，抽樣出全國1千對夫妻，對雙方的戀愛能力進行判定，結果見圖4-2。

圖4-2　已婚男女的戀愛高手比例皆為三成

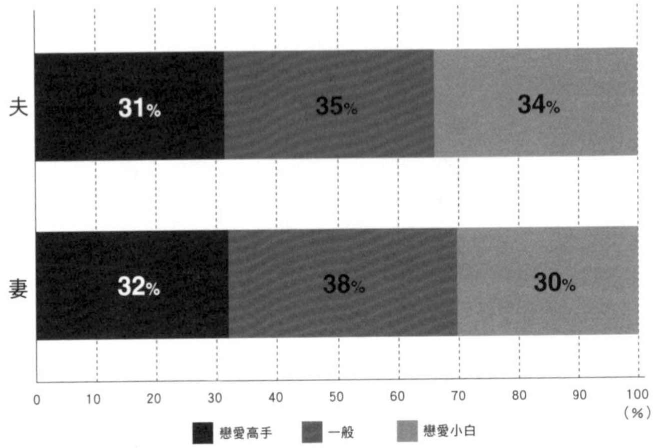

作者根據2018年SOLOMON LABO調查（日本全國1040對20～59歲夫妻）製成。

無論男女都幾乎是完美地分成三等分。就算是已婚者，戀愛高手也是約佔三成左右。

有意思的是彼此的配對關係。

大家往往會以為高手應該就要配高手才對，但其實不然。圖4-3詳細列出了每種配對組合的比例。從圖表可以看出，強者與強者、一般與一般、小白與小白的同類婚姻是之中最多的，佔了近半數的48%。但進一步看，雙方皆為戀愛高手的僅有15%，同為一般的為18%，小白夫妻組則佔了16%。夫妻皆為戀愛高手的組合並不是特別多。

圖4-3　不同戀愛能力之夫妻組合一覽

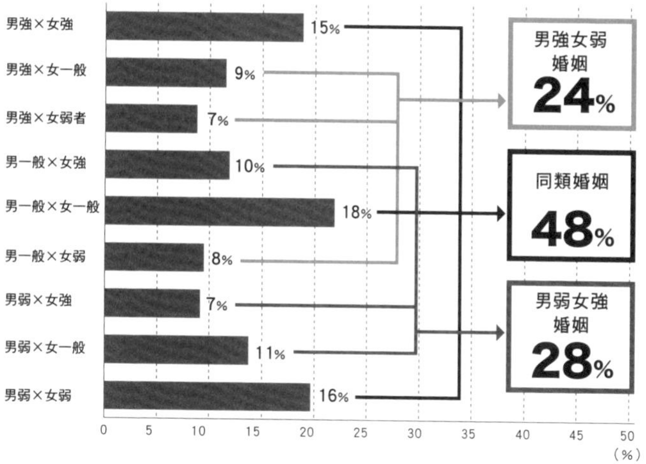

作者根據2018年SOLOMON LABO調查（日本全國1,040對20～59歲夫妻）製成。

至於男方為戀愛高手，女方為小白的「男強女弱」則佔全體的24％，「男弱女強」也高達28％。換句話說，有半數的戀愛高手是和戀愛小白步入了婚姻。

結婚並不是只要會談戀愛、有異性緣就好，雖然不用百分之百地契合，但有許多夫妻都是屬於互補類型的。

不過，在男女之中各佔三成的戀愛高手有半數是與一般或是戀愛小白配對的；這代表有近半數，也就是45％的婚姻是由僅佔三成的戀愛高手創造的。

前面提過，女性喜歡找經濟能力好的人結婚。也就是說女性在找尋結婚對象時，通常會選擇年薪比自己高的人。反映在婚活中，就是——希望男方的年薪在多少萬圓以上？其實，我還根據戀愛高手、小白等各種配對組合，進行了家戶年收入的分析看看之間是否存在著差異。家戶年收入不滿300萬圓的夫妻則不列入調查。

以下是調查結果：

相同戀愛能力的夫妻其平均家戶年收入為760萬圓，男強女弱的為686萬圓，男弱女強的最高，平均是777萬圓。也就是「男方戀愛小白×女方戀愛高手」的夫妻是家戶年收入最高的組合。換句話說，即使是異性緣不佳的男性，也可以藉由高收入與異性緣佳的女性戀愛高手結婚。

在結婚這件事上，經濟能力的重要性是凌駕於戀愛能力的。

另外提供一項參考，根據二〇一六年國民生活基礎調查所計算出的核心家庭平均年收入約為545萬圓，若只看年收入300萬圓以上的家庭，則其平均年收入會來到711萬圓。

圖4-4　不同戀愛能力組合的家戶年收入比較

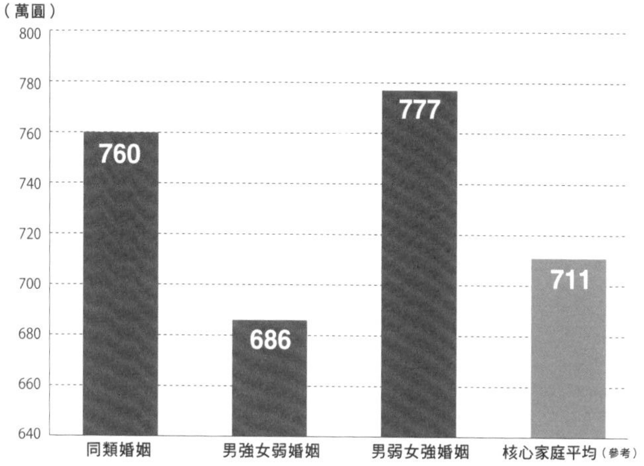

作者根據2018年SOLOMON LABO調查（日本全國1040對20～59歲夫妻）製成。

唯一低於全國平均家戶年收入的是「男強女弱」的組合。

「戀愛與結婚是兩回事」的道理在現實生活中同樣適用。

從男性能否結婚的觀點來看，或許戀愛高手並不是很重要的因素。

還是學生、年紀還輕的時候，外貌、受異性歡迎的說話技巧……等戀愛能力確實吃香，但對於結婚卻不怎麼管用。就像有一首川柳（一種日文定型詩）所說的，「英俊的男人都是沒錢沒地位，手無縛雞之力的人」。戀愛能力並不等於經濟能力，兩者間存在一種巧妙的平衡關係。

這樣說來，想獲得高收入男性青睞的婚活女性，最大的對手其實是女性戀愛高手。

順帶一提，在前面提到的調查中，妻子是戀愛高手的核心家庭平均年收入明顯高出了一截（840萬圓）。女性戀愛高手果然厲害。

不婚男性的「結婚CP值太低」理論

我在拙作《結婚しない男たち》中曾提到「單身男性不結婚是因為想把錢用在自己身上。」簡單來說，就是害怕結婚會讓自己失去經濟上的自由。我因此提出了「結婚CP值太低」的理論，結果不僅是已婚人士，就連未婚女性也對此大加撻伐。

像是「會用CP值來衡量婚姻的根本就是渣男」、「你根本不懂愛吧」、「這個人沒救了」等等。甚至有人說「要那麼理性思考結婚的話，這種男人乾脆從世界上消失好了。」但從理性的角度來思考結婚哪裡不對了？婚姻代表的是經濟生活，如果不用理性觀點來看待，這樣的生活不會出問題嗎？

出生動向基本調查中關於單身人士的部分，有道題目是這麼問的「結婚有什麼優點」、「單身又有什麼優點」。我將從這裡切入，試著說明為何男人會提出「結婚CP值太低」的理論。

首先，單身人士認為結婚有哪些優點呢？根據調查，不論男女，覺得「可以擁有自己的小孩及家庭」的人，自一九八七年以來幾乎一路增加，二〇一五年時有35．8%的男性、49．8%的女性是如此回答的，都是男女中佔比最高的答案。比例第二高的則是「有一個能讓內心放鬆的地方」，這點男女也都相同。

至於回答「可以和自己所愛的人一起生活」的人，則是不論男女，每年都在減少。

結婚已經愈來愈不等於愛了。

接下來看單身的優點。

不論男女，回答「可以自由自在過生活」的人都佔壓倒性的多數，二〇一五年時男性為69．7%，女性為75．5%。除此之外，「金錢方面較為自由」、「不用擔負贍養家庭的責任」、「比較容易維持人際關係」都是佔比較高的回答。這些趨勢自一九八七年以來幾乎不曾改變。換句話說，單身人士認為「行為、生活、經濟、交友等方面有可能因為結婚而受到限制」，因此對結婚抱有戒心。

上述的結婚優點、單身的優點都是非常普通的，並沒有什麼讓人耳目一新的發現。許多專家根據這項調查結果提出了論述，但不應該單憑這些結果就粗暴地做出「現在的單身男女只重視自己的自由，所以不想結婚」的結論。像這樣只從單一觀點看一件事情，往往會忽略真正重要的部分。

在分析這項調查結果時，有個觀點非常重要，那就是不該將男女生分開來看，應該要看男女間的差異。結婚是男女之間的事，如果雙方認定的優點有出入的話，那就會變成阻礙配對的因素。但就我所知，到目前為止還沒有人以這樣的觀點來分析這項調查。若是將重點放在「男女雙方在結婚優點上的差異」，會發現其結果頗耐人尋味。

圖4-5　單身人士認為「結婚有何優點」

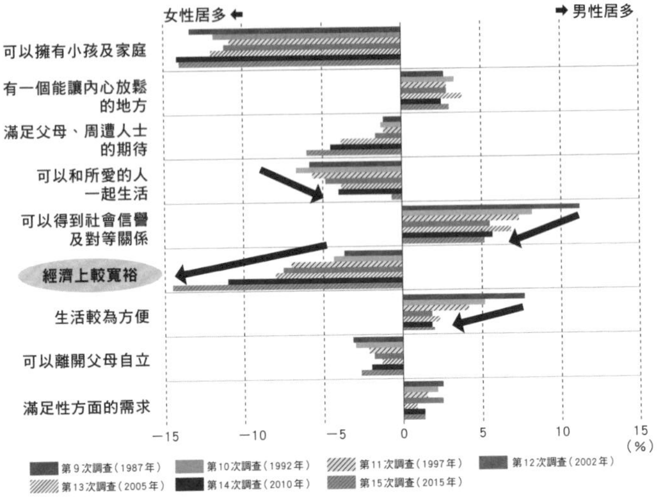

先來看看男女對於結婚的優點分別有什麼樣的看法（圖4-5）。女性回答「滿足父母、周遭人士的期待」的人雖然略有增加，但回答「經濟上較寬裕」的比例卻比男性要高很多，且近年來有急遽增加的趨勢。這代表認為「結婚在經濟上有好處」的單身女性變多了。

至於男性呢？回答「可以得到社會信譽及對等關係」、「生活較為方便」的人雖然較女性多，但幾乎一年比一年少。由此可知，整體而言男性較女性「感覺不到結婚的好處」或是覺得「結婚的好處變少了」。

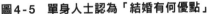

圖4-6　單身人士認為「單身有何優點」

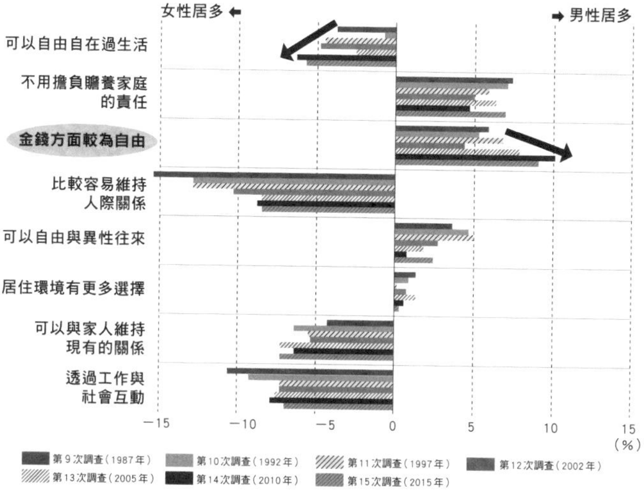

接著來看看單身的優點（圖4-6）。這部分也是一目瞭然。回答「可以自由過生活」的反倒是女性較多，且每年都在增加。也就是說，女性開始將「自由」視為單身的優點，重視「與朋友的關係」、「與社會的關係」、「與家人的關係」等各種關係的維持。

那麼，從男女在「結婚有何優點」、「單身有何優點」上的差異可以觀察到什麼？

女性之所以不婚，可以解釋成害怕婚後會失去自由；無法與朋友、家人、職場維持原本的關係。對結婚則抱有「能夠擁有家庭」、「經濟更為寬裕」等的期待。

至於男性不婚則是因為「想把錢用在自己身上」。甚至可以說男性已經幾乎感受不到結婚有什麼好處了。即使沒有結婚，在當今的社會也不會影響到自身的信譽。就算結了婚，在生活的便利性上也不會有太大的變化；做家事、買東西全都可以自己搞定。為什麼要為拋棄「把錢用在自己身上的自由」，每個月跟老婆領3萬日圓的零用錢呢？這種事就敬謝不敏了。

也就是說如果要結婚的話，男方的收入及經濟能力是女性絕對不願妥協的前提；而男性則是極度抗拒結婚帶來的經濟壓迫。簡單來說，女性是「為了錢結婚的」，男性則是「為了錢不結婚」。在結婚這件事上，男女在意的都是「錢」，但原因正好相反。

講得直白一點，在談婚論嫁時，女性想的是「把錢交出來」，男性想的則是「錢我是不會給的」，在這樣的狀況下兩人是不可能配對成功的。雙方不願妥協的點（金錢）出現了衝突，不婚的現象當然就會愈來愈嚴重了。雖然可以把夫妻看成是一個經濟共同體，但得出以上的結果也未免太令人感嘆了。

認為結婚的優點是「有一個能讓內心放鬆的地方」的男性多於女性。由此可知，許多人想藉由結婚來獲得心靈上的安全感。但要犧牲什麼才能得到安全感呢？安全感可不是免費的。

自由和安全感是取捨關係。想追求把錢用在自己身上的自由，就不適合走入能帶來安全感的婚姻。就算結婚了，大概也遲早會出問題。許多人都將自由視為優於一切的最高價值，但事實上絕非如此。運動比賽之所以好看，就是因為有規的約束。有了約束，選手們才能放心地投入比賽。什麼事都可以去做的人生，說不定只會充滿黑暗與不安。

想要自由與安全感兼得，這完全是自私的想法。想追求自由就必須放棄提供安全感的避風港；想要獲得安全感就得承受隨之而來的限制。換種說法，只有自由才買得到安全感。舉個例子來說，御宅族為了自己的興趣付出了龐大的資金，但他們不會覺得這麼做「CP值太低」了。我在前一本著作《ソロエコノミーの襲来》中曾詳細論述「情感消費」。按此思維來看，付出與幸福感並不是取捨關係，應該是正相關的關係。如果將「CP值太低」當成是風險而加以規避的話，那麼幸福恐怕一輩子都不會降臨到自己身上。

日本男人的「被動基因」源自於神話時代

把「沒有錢」當作未婚男性無法結婚的原因，看起來似乎很有道理，事實上也的確不無關係。但如果將這視為是導致不婚的唯一因素，那麼年收入低於一定水準的男性應該全都結不了婚才對。不過實際上並非如此。

接近平均初婚年齡30歲上下的男性中，以年薪300多萬日圓為最大宗。日本內閣府在二〇一五年針對日本、法國、瑞典、英國的20～49歲男女（不分未婚或已婚），進行了「是否會主動接近有興趣的對象」的調查（少子社會相關國際觀念調查報告）。根據這項調查來比較不同國家、性別在戀愛上是偏向主動還是被動。

從圖4-7可以看出，不論男女，日本人在戀愛上都是屬於被動的。日本男性主動與被動的差距為負3.7%，法國男性及英國男性都為正，與之形成明顯的對比。日本女性的差距更大，達負32.2%，遠大於其他國家。無論男女都偏向被動，尤其是女性，幾

圖4-7　日本人無論男女在戀愛上都屬於被動

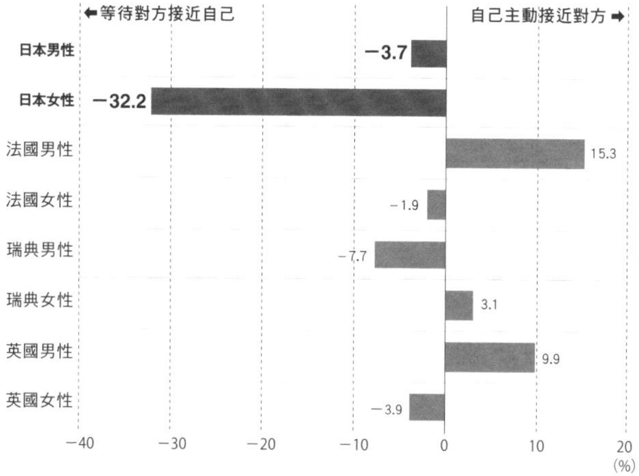

出自2015年內閣府「少子社會相關國際觀念調查報告」，作者根據主動與被動之差距自行製作而成，未經允許不得轉載。

乎不會主動出擊。只有三成的人有交往對象看來也就相當合理了。

順便補充，若不看差距，回答「會主動接近異性」的日本男性為25．9%，正好符合「戀愛高手三成法則」。

或許女性就是因為像這樣天生被設定成「被動、等待」的狀態，才孕育出「應該由男人告白」這種全世界少有、屬於日本的獨特文化。對於這種狀況，日本人大概會說「這也沒辦法啊，傳統女性就是這樣嘛。」

但這其實是個天大的誤會。

寫於八世紀初的《古事記》記載了

日本最早的求婚故事。求婚詞是在男神伊邪那岐與女神伊邪那美的結婚儀式上說出的。兩名神祇約定，在神聖的天御柱前背對背而立，伊邪那岐往左繞柱行走，伊邪那美往右繞柱行走，在彼此相遇時進行告白。到了重要關頭，不知伊邪那岐是因為緊張或是害羞居然說不出話來，於是焦急難耐的伊邪那美便主動開口了。

日本最早的求婚是由女方開口的。

但這樁由女方主導的婚事沒能如願地傳宗接代，於是伊邪那岐與伊邪那美再度舉行求婚儀式，這次改由男神伊邪那岐開口告白。

這則神話故事有各種不同的解釋，或許也可以解讀成日本人本來就是女性較為主動，男性較為被動。但這有損以男系為主的天皇家威嚴，因此才創作出帶有「女方不可以主動求婚，應該由男方主動」帶有教訓意味的故事。

除了《古事記》以外，日本古代還有許多女方主動求婚的故事。甚至可以說，女方求婚的故事其實佔了多數。在日本的古代民間故事中，有許多人與動物通婚的例子。也就是非人的動物化身為女性，與男性結婚的故事，著名的「白鶴報恩」便是其中之一。

貧窮的單身男子救了一隻白鶴後，白鶴化身為女子來到男子家中，雙方結婚後男子違背了「不可以偷看」的約定，最後離婚收場。相信故事內容大家都已經知道，而在這則故事中也是女性主動求婚的。

同樣是著名故事「浦島太郎」其原型來自《丹後國風土記》中的民間故事，但這則故事與大家熟知的浦島太郎略有不同。在風土記裡，太郎並不是救助烏龜，而是釣魚時釣到了烏龜。被釣起來的烏龜在太郎睡覺時變成了一名女子，且劈頭就問太郎「我想和你結婚，你意下如何？」這也是女性突然主動求婚的例子（將烏龜和乙姬分成兩個不同的角色是後世的改編）。

其他還有人類和蛤蜊、蛇、青蛙、狐狸等動物結婚的故事，提出結婚的幾乎都是女性，男性只是被動地接受而已。這些故事還有一個共通處，那就是結婚後雖然都有過一段幸福時光，但全都因為男方違背了「不可以偷看」的約定，而離婚收場。

姑且不論這些動物的種類，光從有這麼多類似的故事這件事來看，就可以判斷，在日本，婚姻的主導權在過去是掌握在女性手上的。對不遵守約定的丈夫死心，主動提出離婚的也是女方。這樣看來，結婚、離婚全都是由女性主導的。江戶時代也有許多的離婚案例是妻子要求丈夫寫「三行半」給自己的。我認為，女性被動、等待的形象應該是明治時期以後才塑造出來的。

《格林童話》中有則故事叫作「烏鴉」，敘述公主在母親的詛咒下變成了烏鴉，之後在森林遇到一名男子，向男子說明原委後，請求協助。男子雖然遭遇各種失敗，但最後還是順利讓公主變回人類。最後兩人結婚，故事以喜劇收場。這可以說是西洋童話故事常見的樣板公式。與國外的人與動物通婚的故事相比，日本這類故事中男女主角的行為差異更為明顯。

有意思的是，日本的故事都是動物變身成人類，西方剛好相反。在日本的故事中，男方是拜女方之賜得到錢財，但西洋故事則是男性賣力奔走。在日本，雙方最後以離婚收場；但西方則是結婚，迎來快樂的結局。可以說故事的每個地方都完全相反。

雖然日本也有情節類似西方童話的民間故事，但這反而是少數。

簡單來說，過去日本人步入婚姻是以女性居主導地位，婚姻生活雖然是夫妻雙方都工作賺錢，但基本上女方扮演的角色更為吃重。違背雙方約定的是男方，而主導離婚的同樣是女方。我認為這才是日本庶民婚姻原有的樣貌。

或許在日本男性的ＤＮＡ中都帶著「被動基因」吧。

這樣看來，要說男性之所以結不了婚、談不了戀愛，和有錢沒錢無關；而是過度依賴女性主動，或他人的幫忙（相親之類的機會）造成的，這似乎也不無道理。

「結婚」和「生子」也是兩回事

每當我提起戀愛和結婚是兩回事，就會有人擺出高高在上的姿態說：「真可憐，你根本不懂什麼是愛情。」到底這種已婚者在上，未婚者在下的階級關係是何時形成的？比起不婚現象，少子化與人口減少更讓已婚人士感到威脅。由於少子化最大的原因是「未婚人口增加」（至少已婚人士是這樣想的），已婚者自然會將「不結婚的人」視為眼中釘。

除了每千人的粗出生率外，還有一項用來評估少子化問題的指標叫作總生育率。總生育率代表女性一生的平均產子數量，能夠維持人口數量的世代更替其總出生率為2．07，少於這個數字便會出現少子化現象。日本的總生育率自一九七三年的2．14後，便不曾高於世代更替水平，二〇〇五年更創下有史以來的最低紀錄——1．26。二〇一五年雖然回升到1．45，但仍遠不及世代更替水平。二〇一八年的總生育率則是1．42。另外，日本的出生數在二〇一六年首度跌破100萬，僅剩下97萬。

圖4-8　總生育率與有偶婦女總生育率變化趨勢

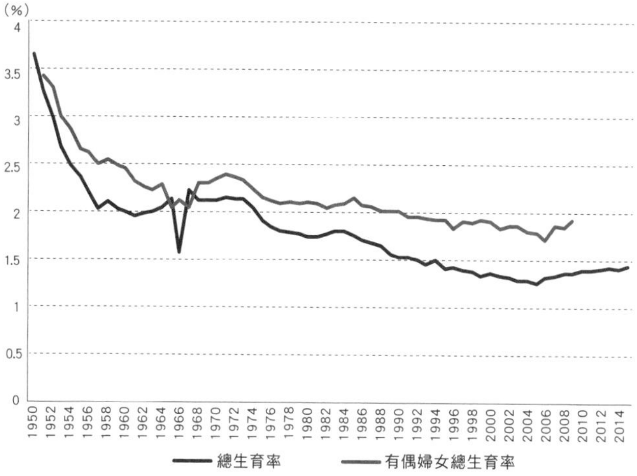

總生育率出自「人口動態統計」。有偶婦女總生育率為作者根據2010年出生動向調查（附表）刊載之3年移動平均總數（最新數據為2009年）製作而成。

話說回來，總生育率在計算時是包含未婚女性的，如果女性未婚率上升，總生育率自然會下降。

實質的出生率，也就是已婚女性的出生率稱為「有偶婦女總生育率」，代表一對夫妻在婚姻關係存續期間生下的子女數。

上圖比較了總生育率與有偶婦女總生育率的變化，有偶婦女總生育率並沒有比世代更替水平低很多。

雖然九〇年代以來不曾超過2.0，但也一直維持在1.7～1.9。換句話說，每對已婚夫妻會生下約2名子女。這也可以解釋成「只要結了婚，理論上就會多出生2個小孩」。由於終身未婚的人被視為沒有發揮這項作用，因此等同於加劇了少子化的程度。這樣也就可以理解那些認為「不結婚會導致國家滅亡」的人是何種心情了。

但認為「只要結婚就會有小孩」的想法未免也太過武斷了。我曾在拙作《超單身社會》中試算名為「生涯無子率」的指標，也就是一生都未生育子女的比例。當然，這並不是厚生勞動省或總務省統計局的官方指標，它是根據二〇一〇年人口普查的數據試算得來的，而這次我則是根據二〇一五年人口普查的數據（依家戶與依配偶關係）重新計算。計算方式是將「僅有夫妻的家戶」數量與未婚者數相加，藉此算出無子者的人數。

另外要補充，在核心家戶及各類複合家戶中都有「無子家戶」的存在，但核心家戶以外的對象並未列入計算。試算時若將所有年齡都納入計算，會得到錯誤的結果。這是因為50歲以上「僅有夫妻的家戶」雖然目前家中沒有子女同住，但有可能是因為子女已經離家自立，才造成「家中僅有夫妻」。

實際上，高齡家戶中「僅有夫妻的家戶」的比例偏高，而20～40歲出頭的夫妻今後

圖4-9　生涯無子率推估

	2010年		2015年	
	男	女	男	女
45～49歲未婚率A	22.5%	12.6%	25.9%	16.1%
50～54歲未婚率	17.85%	8.7%	20.9%	12.0%
生涯未婚率	20.1%	10.6%	23.4%	14.1%
45～49歲僅有夫妻之家戶比例（推定無子夫妻）B	8.9%	10.0%	9.9%	11.2%
生涯無子率推估 A＋B	**31.3%**	**22.5%**	**35.8%**	**27.3%**

作者根據2010年及2015年人口普查製作而成。分母已排除配偶關係不詳者。

則仍有可能生子。年過四十才首度生子的例子目前也愈來愈多了。因此，我將45～49歲僅有夫妻之家戶的男女設為推定無子夫妻，以此來進行計算。

雖然50歲時未婚率嚴格來說是45～54歲的平均未婚率，但出於上述原因，我在推估無子率時排除了50歲以上的人。

生涯無子率＝
45～49歲未婚率＋
45～49歲推定無子夫妻

依這樣來看，歸類在45～49歲僅有夫妻之家戶的男女比例在二〇一〇年及二〇一五年皆為10％左右。換句話說，50歲時未婚率加上約10%便是無子率。

以二〇一五年的計算結果來看，與未婚者合計的生涯無子者為男性36%，女性27%。也就是有近四成男性、三成女性一生中都沒有子女。反過來說，結婚生子的比例為男性六成、女性七成。

結婚這件事無庸置疑是製造了一個社群，也是一種與人連結的形式。但婚姻也有各式各樣的型態，無法用一句話簡單交待。婚姻並不是只有「和同一個人一起走完一輩子」一種樣貌；婚後一輩子都沒有生小孩，同樣也是一種婚姻的樣貌。

有些夫妻因為不孕等因素，即使想生小孩也無法如願；但也有選擇不生小孩的夫妻。女星山口智子便曾在一篇雜誌專訪中提到「人生不是只有生小孩、養育小孩……（中略）我相信每個人都應該有各種不同的選擇。」

這是一個對人生的想法、價值觀愈來愈多元的時代，即使成為夫妻，也不代表就一定要生小孩。

5章

何謂家庭

過去視為「標準」的家庭正逐漸式微

「夫妻與兩名小孩」所組成的核心家庭在日本被稱為「標準家戶」。這種夫妻與子女的家戶可說是最常見的家戶型態，在一九九〇年的人口普查中佔比接近四成，但在25年後的二〇一五年已經大幅下降到27%。一般而言，家庭的型態還包括僅有夫妻的家戶、三代同堂、單親家戶。為求方便，本書探討的家庭專指「僅有夫妻與子女」的家戶。

取代銳減的夫妻與子女家庭站上首位的是單人家戶（獨居家戶）。單人家戶佔整體的比例目前已經增加到35%，且還有繼續成長的趨勢。國立社會保障暨人口問題研究所推估，二〇四〇年時全日本將有四成是單身的單人家戶，夫妻與子女的家戶則會下降到23%。從圖表可以看出，單人家戶與夫妻及子女構成的家戶在圖形上幾乎是對稱的。

比較各都道府縣自一九九〇年至二〇一五年的25年間，及二〇一五年至二〇四〇年推估的25年間「夫妻與子女」家戶數變化，可以勾勒出「家庭式微」的全貌（圖5-2）。

圖5-1　各類家戶佔比變化

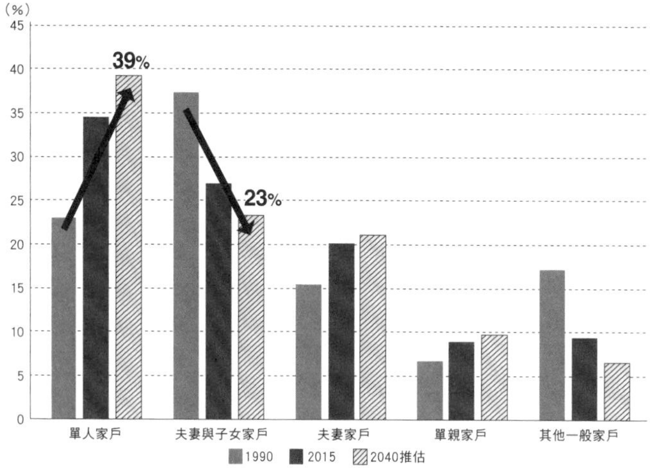

出自1990年與2015年人口普查。2040年推估為作者根據國立社會保障暨人口問題研究所「2019年日本家戶數之未來推估（各都道府縣）」製作而成。

到二〇一五年為止的25年間，日本全國47個都道府縣中仍有12個縣的差距為正，也就是夫妻與子女家戶是增加的。差距達負20％以上的地方僅有北海道、長崎、青森、鹿兒島等四地。

但從二〇一五年至二〇四〇年推估這25年的變化來看，已經沒有任何一個縣的差距為正，而且還有近半數的21個縣差距在負20％以上。畫成地圖更是一目瞭然，幾乎整張地圖都被塗滿了。

話說回來，你是否覺得就算由夫妻與子女構成的家庭從大城市消失了，但也還是存在於二線都市、鄉下地方？

圖5-2　家庭式微的地區

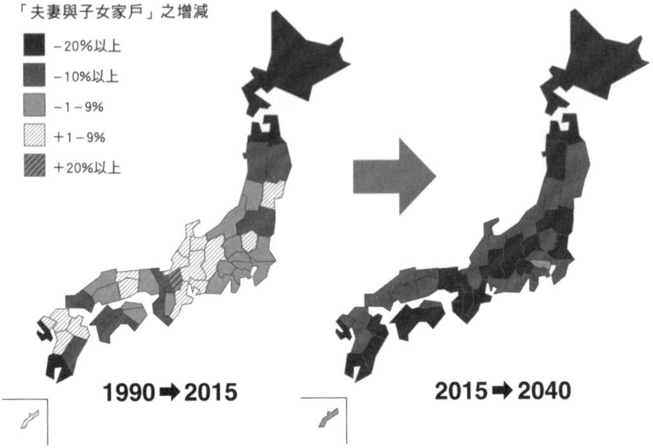

出自1990年與2015年人口普查。
2040年為作者自社人研2019年4月推估中挑選出「夫妻與子女家戶」自行製作而成，未經允許不得轉載。

其實這樣的家庭在二線都市、鄉下地方更加式微。

圖5-3是將二〇四〇年時，各都道府縣的「夫妻與子女」家戶佔比依序排列。20年後，日本「夫妻與子女」家戶佔比最高的地方是滋賀縣，其次是埼玉縣、愛知縣。

最低的則是跌破兩成的秋田縣，排行末端的地方多集中於東北六縣及北海道等北日本地區。東京的排名也僅有第39名，21.6%，遠低於全國平均。令人意外的是沖繩縣，雖然離婚率及單親媽媽的比例在全國名列前

圖5-3 2040年時各都道府縣之家庭（夫妻與子女家戶）佔比

排名	縣名	2040年家庭佔比推估	與1990年之差距	排名	縣名	2040年家庭佔比推估	與1990年之差距
1	滋賀縣	26.40%	−12.55%	25	山梨縣	23.04%	−12.39%
2	埼玉縣	25.91%	−21.56%	26	大阪府	22.76%	−19.33%
3	愛知縣	25.72%	−14.54%	27	山口縣	22.67%	−10.18%
4	奈良縣	25.39%	−17.53%	28	德島縣	22.42%	−8.45%
5	沖繩縣	25.28%	−18.71%	29	大分縣	22.41%	−9.55%
6	群馬縣	25.07%	−13.11%	30	福岡縣	22.39%	−14.25%
7	岐阜縣	24.86%	−11.18%	31	新潟縣	22.37%	−8.07%
8	千葉縣	24.77%	−19.29%	32	鳥取縣	22.36%	−6.53%
9	神奈川縣	24.60%	−17.76%	33	愛媛縣	22.25%	−11.53%
10	栃木縣	24.41%	−12.38%	34	宮崎縣	22.11%	−13.53%
11	三重縣	24.28%	−11.66%	35	京都府	22.07%	−15.08%
12	富山縣	24.25%	−6.77%	36	宮城縣	22.06%	−11.73%
13	茨城縣	24.10%	−15.26%	37	島根縣	22.03%	−4.77%
14	廣島縣	24.05%	−12.23%	38	長崎縣	21.99%	−13.55%
15	兵庫縣	24.02%	−16.49%	39	東京都	21.61%	−12.68%
16	石川縣	24.00%	−7.18%	40	山形縣	21.58%	−4.76%
17	岡山縣	24.00%	−9.89%	41	鹿兒島縣	21.02%	−13.60%
18	靜岡縣	23.80%	−13.07%	42	岩手縣	21.00%	−7.65%
19	福井縣	23.72%	−6.46%	43	福島縣	20.67%	−10.56%
20	佐賀縣	23.55%	−9.41%	44	高知縣	20.44%	−10.99%
21	香川縣	23.55%	−9.88%	45	青森縣	19.98%	−12.03%
22	和歌山縣	23.31%	−12.18%	46	北海道	19.72%	−15.76%
23	長野縣	23.25%	−8.95%	47	秋田縣	19.42%	−8.00%
24	熊本縣	23.11%	−9.22%		全國	23.30%	−14.01%

2040年數值出自社人研2019年之推估，1990年數值出自人口普查，由作者製作而成。

茅，但夫妻與子女家戶的佔比卻是全國排行第五。沖繩給人的印象可能是單人家戶或單親家戶很多，不過實際上並非如此，原因在於一九九〇年時夫妻與子女家戶的比例為44%，居全國第三。不過這50年間的減幅也達到了19%，是全國第四大的。

造成上述狀況的主因是不婚與少子化。不結婚的話就不會有夫妻，而且不生小孩的夫妻比例也愈來愈高。此外，高齡化使得65歲以上的高齡夫妻及喪偶、離婚導致的高齡單人家戶增加也是重要因素之一。目前看來，今後也將持續此一趨勢，「夫妻與子女」的家庭型態在全國的佔比預估將只剩下兩成左右。

單人家戶則會不斷增加。以二〇一五年時「夫妻與子女」家戶與單人家戶的佔比差距來看，「夫妻與子女」家戶居多的縣依序為埼玉、奈良、岐阜、滋賀、群馬、富山等6個縣，但到了二〇四〇年時則沒有任何地方的「夫妻與子女」家戶是居多的，日本全國都是單人家戶多過於夫妻與子女家戶。東京在二〇一五年時就已經有160萬戶的單人家戶，到了二〇四〇年自然仍是居冠，但近畿地方也增加了一倍，東京的周邊三縣（埼玉、千葉、神奈川）更是原來的五倍。

由此可知，過去的標準家庭在今後的20年間將逐漸式微，日本會成為有著四成單人家戶的單身國家。許多人都以為單身社會是只存在於大都市的問題，但其實這是包括二線都市、鄉下地方在內的全國性趨勢。

這種狀況會對市場經濟造成顯著的影響。過去以夫妻與子女家戶為中心的「家庭主體市場」，毫無疑問是由「主婦」支撐起來的。無論是食品或是家電、日用品，都必須獲得主婦的青睞才有辦法賣得好。但就像前面說過的，人口的大宗族群將由家庭轉變為單身人士。今後如果得不到單身人士的青睞，東西是賣不出去的，這是非常明確的事實，從連鎖家庭餐廳Gusto推出了一人專用座位就可以看出端倪。或許不只是家庭，未來連家庭餐廳都將逐漸消失。

「地域」與「職場」這樣的社群已不復存在

這樣下去的話，昭和時代最常見的由「夫妻與子女」構成的家庭型態真的會消失嗎？和家庭一樣提供安全感的「地域」及「職場」這些社群也已經逐漸瓦解了。

人都會建立能提供安全感的社群，並在這些社群中保有自己的一席之地，與他人一同生活。地域及職場便屬於這類型的社群，家庭同樣也是提供安全感的社群之一。這些社群的共通處在於「圈圈內的安全感」。無論是地域、職場或家庭，都像是一個圓圈，明確區分出裡面和外面。正因為這樣，才能與圈圈裡的人建立起穩固的信任關係，形成彼此互助的結構。但圈圈裡的安全感就像是光線，光線照不到的地方會產生黑暗，也就是來自圈圈外的敵視。這種敵視會造成對立與分裂。我將這類社群稱為「歸屬感社群」。

「歸屬感社群」的成員必須置身於社群的圈圈內，得到一席之地後才會有安全感。但由於「只有在圈圈裡才有安全感」的信念太過強烈了，因此會過度執著、依賴這唯一的棲身之所。還會產生「這個棲身之所是絕對不會毀壞、不容質疑的」的錯覺，並對此深信不疑。要比喻的話，就像是當年號稱絕對不會沉沒的鐵達尼號。

但現實之中沒有這種事，絕對不會沉的船是不存在的。重點不在於相信「不會沉」這句話，而是如何正確地理解當下的處境，並調整自己去適應。

過去與人們關係緊密的地域社群如今在大都市中已經幾乎不存在了，許多人甚至不知道隔壁住了什麼人。但話說回來，鄉下地方也未必就有充滿溫暖互動的社群。聽說近年來很流行退休後移居到鄉下，但移居後卻不被當地居民所接納，甚至受到「沒有地方可以丟垃圾」之類的霸凌，只好又滿腹委屈地搬回都市。從外地移入的人即使進到了圈圈內，原本的成員仍然會將其視為「外來者」並加以驅趕。

職場也是過去具有與家庭同等地位的社群。終身雇用制、年功序列制就某方面來說模擬了家庭的功能。公司為來自外地的新進員工準備員工宿舍，結婚後同樣有公司的房子可以住。還有運動會、員工旅行等活動可以參加，不只是員工，甚至連配偶、小孩都照顧到了。

但在現在的職場中，已經看不到這種模擬家庭的樣貌了。

從另一方面來看，員工的觀念同樣也在改變。

不想一輩子待在同一家公司、想要自由轉職，讓職涯有更好發展的人愈來愈多了，企業也開始允許員工經營副業或是兼差。遠距上班等工作方面的自由度也變得更大了。其實，連「理當有公司雇用自己」這種思維都已經產生轉變，現在已經是不需要擁有大規模設備或龐大資金就能創業的時代，個人也可以透過群眾募資向社會大眾籌措資金，甚至連工作場域都已經走向流動化。

家庭這個社群當然也躲不過流動化的風潮。就像上一個單元說明過的，家庭的絕對數量在二〇四〇年將減少到僅剩兩成。

家庭是否已經走到盡頭？會消失嗎？

不，這些事並不會發生。

就算不婚的情況變得更加嚴重，也會有人想要結婚，成為夫妻。

就算少子化持續惡化下去，也不會沒有小孩出生。

我認為家庭不會消失，但讓人產生連結的社群功能將會以不同的樣貌來呈現。

家庭背後的「黑暗」

歸根究底，或許該說有太多人執著於「只有家庭可以相信、只有家庭可以依賴」的想法。做家事、帶小孩這些事因為「理應由家人來做」的思維，出現了夫妻互相指責對方不履行義務的現象。照顧父母也一樣，因為「父母當然該由家裡的人來照顧」的觀念，所以出現了就算辭去工作也要親自照顧的風潮，最終經濟上支撐不下去，導致父母及子女雙雙陷入困境。過去，家庭是提供安全感的圈圈，但如今卻成了每個家庭成員的枷鎖。

「依賴家庭」和「只有家庭可以依賴」是完全不同的兩回事。

根據二〇一二年的家庭與男女的角色（ISSP）國際比較，日本有76．5％的人認為「就讀小學前，小孩應該由家庭負責照顧」，這個比例在全世界屬於前段班（在進行調查的國家中排名第六），排在日本之前的只有墨西哥、瑞士、以色列、拉脫維亞、波蘭。韓國及美國，約為57％，芬蘭13％，瑞典僅有10％。北歐國家的民眾普遍認為養育小孩是中央及地方政府的責任（有此想法的比例：瑞典82．5％，日本11．4％），而非家庭。

在照顧、看護方面也是如此，同一項調查中發現，瑞典、挪威約有88％的人認為照顧、看護年長者主要是政府的責任，日本則是44％。

上述調查結果並不代表「日本人與家人間的情感連結較為緊密，北歐國家的人家人關係淡薄」。反而是說，正因為重視家人所以才想取得更多的外界資源。

另外，許多人會先入為主地認為這種差異是民族性造成的，但如此一來可就掉入刻板印象的陷阱了。之所以會有這些差異，並不是因為墨西哥人、日本人重情感；北歐人生性冷漠，而是彼此身處的環境不同造成的。用簡單的例子來說明，現在的墨西哥仍是平均家戶人數3.9人的大家庭，5人以上的家戶比例佔整體的33％，日本則只有7％。

且日本的平均家戶人數也只有約2.3人（數據皆出自總務省二〇一九全球統計）。一九七〇年人口普查時，日本5人以上的家戶比例也有31%；更早之前還曾超過五成。

這樣說來，電影《ALWAYS 幸福的三丁目》中的日本（一九五〇～六〇年代前後）便是以大家庭為主，當時還締造了全年109萬對新婚夫妻的歷史新高，並迎來第二次嬰兒潮。那個時代都是由家中的阿嬤或是手足來負責帶小孩的。

另外，左鄰右舍間也有著深厚的互助觀念，鄰居阿嬤照顧鄰居家的小孩、餵別人家的小孩吃飯，彼此幫忙都是司空見慣的事。可以說，養育小孩這件事其實十分仰賴大家庭與強大的地域共同體這兩種能提供安心感的社群。如果把定義放寬點的話，在當時地域社群儼然就是一種家庭。

血緣本來就不該是家庭組成的唯一基準。

後來由於核心家庭化及家戶分離，地域社群日益式微。超越血緣關係、因地緣而結合在一起的「模擬家庭」已不復存，左鄰右舍先是變成外人，後來更淪為陌生人。與此同時，由於少子化的關係，家庭中不再像過去那樣有著眾多的手足，而且也必須由夫妻兩人自行解決小孩該由誰帶的問題。話雖如此，當家庭主婦體制還健在時，這種狀況多少還是有辦法解決的。

但隨著雙薪家庭的增加，不僅時間不夠用，各種問題也一一浮現。現在已經不像過去那樣會有旁人伸出援手，更無法奢求擁有充裕的時間。可是大家卻都還糾結於昭和時代「養育小孩是家庭的責任」的觀念，不好意思假手他人，最終因而導致夫妻間相互責怪對方沒盡到義務的狀況。

夫妻育兒時間增加，真實呈現了這樣的困境。

在現代的家庭中，如果育有一名子女，自然必須由夫妻其中一方扛起做家事、帶小孩的重擔。雖然有到府家事服務這樣的選擇，但許多夫妻還是認為這樣做太浪費錢了。

根據《社會生活基本》的調查，比較二〇一〇與二〇一六年，家中有未滿3歲幼童的雙薪家庭，發現儘管丈夫的育兒時間增加了25分鐘；但妻子卻增加的更多，增加了59分鐘。在這10年間，夫妻的育兒時間合計增加了84分鐘。我認為這並非平常不習慣帶小孩的丈夫幫了妻子的倒忙，害妻子得花更多的時間來照顧小孩；而是，夫妻的總育兒時間增加不就意味著找不到人幫忙的「時間負債」嗎？

但在處理家務方面，丈夫增加的家事時間反而要比妻子減少的要少。我認為這有一大部分要歸功於掃地機器人、洗衣機等家電產品的進步；讓家事可由機器來代勞，不再需要佔用到夫妻二人的時間。

總之，如果繼續糾結於「因為是一家人，所以什麼事都只能由家人設法扛下來」的想法，很可能會讓夫妻雙方都撐不下去。

「回歸原點」的家庭

話說回來，「家庭」到底是什麼？

前一陣子網路上有篇文章引起了熱烈討論。

家庭的英文是family，該篇文章便是在說明family這個字的由來。F代表father，A是and，M則是mother，ily則代表I Love You。全部連在一起的話，family就是Father And Mother I Love You的意思。」網路上看到文章的人紛紛表示「太美妙了」、「解釋得太好了」等等，也有「一定要好好珍惜家人」之類的意見。

這當然不是真的，只是一種類似藏頭詩的文字遊戲而已。而且大家如果知道了family真正的由來，或許還會大失所望。family原本是從拉丁文的Familia這個字來的，意思是「生活在一個屋簷下的所有奴僕、雜役」，後來連主人也包含了進去，最終才是指稱親屬所組成的群體。

另外，家戶的英文是household，在希臘文中其實是「隸屬於主人的妻子及奴隸」、「主人名下所有物的總稱」之意。換句話說，family（家庭）、household（家戶）這些字原本都是表達經濟上的隸屬關係，並沒有「愛」之類的概念。

那日文呢？

許多人平時在使用「家族」（即日文的「家庭」之意）這個詞時都沒有想太多，相信大部分的人應該也不會去深究其由來及意義。其實「家族」這個詞是明治時代才開始使用的，在此之前並不存在。過去日本人使用的是「家」這個字。「家」的舊假名讀法為「いへ」，由來眾說紛紜。其中一說是「い」為「睡覺」之意，「へ」則是代表「門」。因此「いへ」就是「睡覺（之處）的門」，意指「人睡覺的地方」。簡單來說，日文中的「家」指的是實質的建築物或地點，而非用來指稱人。

「家族」在日文字典中的解釋是「夫妻、親子、手足等形成的血緣群體，是構成社會的基本單位」，至於「家戶」（日文為「世帯」）則是「一同居住及謀生之人所形成的群體」。換句話說，「家庭」是以血緣或契約為基礎的社會性生活群體，同住並非必要條件。相反地，「家戶」成員間不一定要有血緣關係，但必須在同一個屋簷下一起生活。

即使父親被外派到其他地方工作，也還是「家庭」的一份子，但就不屬於同一「戶」了。同樣的道理，江戶時代的商家常有學徒們同住在一起，但彼此之間並沒有血緣關係，也沒有契約關係。因此，學徒是「家戶成員，但不是家庭的一份子」。

英文及日文中的「家庭」、「家戶」由來，其實都不具備現代人賦予的情感意義，我覺得這一點很有意思。

仔細想想，生小孩這件事在古代等於是生產勞動力。因此無論孩子的父親是誰，生下來後，生活群體中的所有成員都會共同養育這個孩子，將其視為未來的勞動力。不一定要在同一個地方一起生活，只要有血緣或契約（夫妻之間其實也沒有血緣關係）關係就好，「家庭」就是這樣。

美國社會學家托卡‧帕森斯曾說過「家庭是具有養育子女，及在精神面提供安全感的親屬群體，同住並非必要之前提。」到現在，也有夫妻是沒有小孩的，因此「養育子女」或許也不再是必要條件了。這樣的話，家庭的定義將變成「提供成員經濟面的保障與精神面的安全感所形成的群體，同住並非必要之前提」。同住並非必要之前提……換句話說，只是住在一起並不代表就是一家人。正是這一點，說明了家庭為何不會消失。

近年來，年齡、家庭型態各異的住民以共享空間的方式一同生活，也就是「共生互助住宅」的例子愈來愈多，也有人將此視為「不受限於血緣關係的新型態家庭」。僅有夫妻與子女的家庭、單身人士、單親媽媽或喪偶的年長者住在一個屋簷下，互相幫忙照顧小孩的生活模式，我相信是有一定需求的。但與其說這是「新的型態」，倒不如說是「回歸原點」。這種共生互助住宅其實就和江戶時代的大雜院、農村地方的村落共同體一樣，以共同起居的棲身之所為基礎，將聚集於此的人當成類似大家族成員的夥伴，這樣等同於形成了最原始、最根本的社群。

但是，「以同住為前提」的這項限制，反而可能產生「歸屬感社群」的難題。

當更多元的「連結」遇上婚姻

社群指的是人與人的關係，婚姻、家庭便是其中一種。人透過結婚、同住、一起生活，會建立「家庭」這種親密且牢不可破的「歸屬感社群」。反過來說，現在的法律制度等於是規定了「必須結婚才能建立家庭」。但現行的婚姻制度由於太過拘泥於這種法律與一致性、標準性的規範，因此在現實生活中已經跟不上追求更多元婚姻形式的人了。舉例來說，修法允許女性婚後自由選擇姓氏一事便遲遲沒有進展。

一旦改了姓氏，護照、身分證明文件、銀行帳戶等也都得進行變更，實際上便有情侶因為對此感到不滿或嫌麻煩而猶豫是否要登記結婚。想要解決不婚問題的話，這難道不是一個重要的切入點嗎？婚姻本來就有各種不同的形式。結了婚卻沒有同住也是一種婚姻的樣態。

這並不是因為夫妻感情不睦而分居，而是雙方有各自的住處，吃晚餐或週末之類的時間會在其中一方的家，一同度過。香取慎吾二〇一六年主演的電視劇《家族的形式》最後一幕所表現的正是這種婚姻樣態。

另外，「50歲以上的高齡結婚」也是今後應該會愈來愈多的一種婚姻樣態。過去在計算生涯未婚率時，會認為超過50歲還未婚的人這輩子應該幾乎不會結婚了。如果將結婚視為傳宗接代的手段，或許的確可以這樣說；但現在已經是離婚率愈來愈高、平均壽命也愈來愈長的時代，50歲時和歲數差不多的人再婚、初婚並不是什麼稀奇的事。實際上，二〇一七年的50歲以上男性初婚數便是一九九〇年的5.5倍。在雙方都是高齡人士的婚姻關係中，今後或許會有愈來愈多雖然沒有愛情，但卻將對方視為夥伴互相扶持的「友情婚」。

還有一種婚姻的樣態是「同性婚姻」。

日本目前因為憲法第24條「兩性的合意為婚姻成立的唯一基礎」的規定產生了許多爭議。自二〇〇一年荷蘭首開先例以來，截至二〇一九年六月為止，全世界約有20％的國家、地區在法律上保障了同性婚姻及登記伴侶關係等同性情侶的權利。二〇一九年五月，台灣通過了亞洲第一部承認同性婚姻的法律。這一連串的發展值得關注。

一般人可能難以理解，但還有一種狀況是「雖然結了婚，但在配偶的允許下與其他對象發展戀愛關係」，也就是所謂的多重伴侶關係，而且實際上的確有夫妻是如此。多重伴侶關係是指在所有當事人的同意之下，與多名伴侶同時存在性愛關係。在一般觀念中婚姻是一夫一妻制的，正好與多重伴侶關係相反。

看了以上說明後相信很多人會質疑，多重伴侶關係和偷吃、外遇有什麼不同？多重伴侶關係的前提是要取得所有當事人的同意，建立起沒有謊言的關係，而不是像偷吃或外遇那樣在背地裡偷偷進行。這當然也與床伴或群交、交換伴侶、一夜情等關係不一樣。有些案例甚至是夫妻、子女與戀愛對象同住一個屋簷下。

雖然可能無法稱之為婚姻，不過也有女性只想要生小孩，但不想要結婚。根據厚生勞動省「二〇一六年度 全國單親家戶等調查」的結果，約有8.7%的女性打從一開始就是在未婚狀態下產子的，而不是出於離婚等因素而成為單親媽媽的。因丈夫去世而變成單親家庭的比例則是80%。

《ふつうの非婚出産 シングルマザー、新しい「かぞく」を生きる》（非婚生育：單親媽媽，過著新的「家庭」生活）一書的作者櫨畑敦子，在書中講述了自己主動選擇成為不婚單親媽媽的心路歷程。她並未與孩子的父親結婚，兩人一開始就約定好只生小孩、不結婚。生下小孩後，她住在大阪的大雜院，和有興趣幫忙帶小孩的朋友一同照顧孩子。

許多人都對這種做法持否定態度，在網路上抨擊她，覺得她太自私了、把小孩當裝飾品嗎？如果她是因為喪偶或離婚而變成單親媽媽的話，或許就不會遭受這些批判了；畢竟孩子是無辜的，透過這種方式由不特定多數人照顧小孩的行為應該會得到贊同、肯定，而不是招致批評。但櫨畑敦子是「刻意不婚生子」，在他人看來，她是因為任性，造成孩子一出世就沒有父親。因此引來撻伐，認為「媽媽自己也許覺得這樣很幸福，但這難道不是剝奪了孩子的幸福嗎？」

我覺得大家可以提出各種意見、看法，但這件事無法單純以是非對錯來評斷。

也有人選擇自己不生，在單身的狀態下收養小孩。在日本某些地方，只要符合地方政府的規定，單身人士也能收養小孩。當然，收養之前必須參加講習；相關單位也會進行家庭訪問、審查家中環境是否適合與孩童同住；另外，還會確認收養者身邊是否有其他人可以在育兒上提供協助等，必須滿足各種條件。

總之，我認為可以有更多元的婚姻或家庭樣貌，而不是只有「男女結婚，由夫妻生育子女」一種形式。

差點忘了，還有一種婚姻的樣態成為了引發全球話題的新聞。那就是日本一位名叫近藤顯彥的公務員宣布與VOCALOID的虛擬偶像初音未來結婚。近藤還與虛構的二次元角色初音未來舉辦了婚禮，這消息不僅在日本登上頭條，還上了BBC等國際媒體的版面。至於新娘初音未來則是活在一台與咖啡機大小差不多、名為Gatebox的裝置中。這是一種透過AI技術讓喜歡的角色與自己一同生活的電子產品，又被稱為「老婆召喚裝置」。

近藤購買Gatebox之前，已經先利用Gatebox公司所提供的服務辦理結婚登記，並取得結婚證書。第一次見到裝置內的初音未來時，他便開口求婚，而初音未來則是回答：「要好好對待我喔。」

因此可以這麼說：不再僅於「和人類結婚」的時代已經到來。或許有人會覺得「這什麼鬼啊……」但由於AI及電腦繪圖技術不斷地以驚人速度成長，開發出幾可亂真的虛擬角色也是指日可待的。

具備AI功能的智慧音箱或許還能透過與使用者互動來進行大量的機器學習，將自己從單純的執行指令提升到能與使用者對話的機器人。與使用者親密交談後所得到的數據，相信會讓AI成為使用者眼中「最了解自己的交談對象」。

前面曾提到，單身男女一致認為「內心的安全感、放鬆」是結婚的一項優點，男性中有此看法的比例尤其高。看來，與一個熟知自己大小事的對象聊天，無疑地將具有撫慰心靈的效果。

加州大學的一篇研究論文指出，對人類而言，有人願意聽自己說話時，腦部的運作狀態及獲得的快感不下於吃美食或性愛。尤其是在講述關於自己的事情時，如果有一個對象願意傾聽的話，那是最令人高興的。

這樣說來，一群女生聚會聊天，或是中年男子喜歡去酒店或小酒館找人說話，也許就是為了滿足這種需求。我認為這類功能不僅代替了結婚或戀愛所提供的撫慰效果，也提供了獨居高齡人士說話的對象，發揮了極重要的作用。

因此，與其說「婚姻的樣態」變了，或許應該說「社群的樣態」、「家庭的樣態」、「幸福的樣態」正在逐漸轉變中，更為恰當。

6 章

不結婚也能活得安心

重新思考人與人的互信及互動

前面已經用各種數據說明未婚化、少子化、人口負成長都是無可避免的趨勢；而且結婚率將會下降，離婚率上升；有一半的人口會是單身人士，四成家戶為獨居家戶。就算結了婚，遲早也會恢復為單身，在漫長的人生中，單身狀態所佔的時間將會愈來愈長。結了婚、建立了家庭，並不保證就能完全逃離單身生活。現在要煩惱的，不是「有沒有辦法自己一個人過下去」，而是「是否能成為一個獨立自主的人」。

大家往往以為「個人」與「社群」是相互矛盾的。但我認為正好相反，建立新社群需要個人的獨立自主。在此之前，則要先瞭解人類內心「情感與理性」的結構。我會在最後這一章探討這個部分，並思考除了結婚以外還有什麼新的社群能夠提供安全感。

雖然有些突然，但請你認真思考以下問題：假設你眼前有現金一千萬圓。你要和一名完全不認識的陌生人在彼此不碰面的狀況下一起分配這筆錢。雙方會在不同的房間內做出選擇，並根據選擇的結果來分配這一千萬。

你和對方都有2種選擇。

一個選擇是拿走500萬圓，另一個選擇是獨佔一千萬。

能拿到多少錢必須視自己和對方的選擇而定。

○你和另一人都選擇拿走500萬的話，那麼雙方都能獲得500萬圓。

○你選擇500萬圓，對方選擇一千萬圓的話，那麼對方可以獨佔一千萬圓，你則什麼也拿不到。

○如果你選擇一千萬圓，對方選擇500萬圓的話，那麼你可以獨佔一千萬圓，對方則什麼也拿不到。

○你和對方都選擇一千萬圓的話，那麼2個人都拿不錢。

你會選擇拿500萬圓還是一千萬圓呢？

這是從著名的賽局理論「囚徒困境」變化而來的問題。

我在二〇一八年時曾於網路上請1657名20～59歲的未婚及已婚男女回答這個問題。有趣的是，只有已婚女性呈現出的傾向與其他族群不同。

未婚男女及已婚男性選擇500萬及一千萬的人幾乎都是各半，已婚女性則有70％的人選擇500萬圓，30％的人選擇一千萬圓。也就是只有已婚女性選擇500萬圓的比例較高。詢問選擇500萬圓的人為何會這樣決定，男女皆有人回答：「因為覺得對方也會選500萬圓」或「想避免兩個人都沒錢拿的狀況」，也有許多人給的解釋是「就覺得該這樣選，沒有特別的原因」、「覺得大家都會這樣選」等。大家都沒有提出明確的根據或理論。

至於選擇一千萬圓的原因則以「理性思考的話，選擇一千萬圓才對」佔絕大多數。的確如此。兩個選擇的期待報酬是不一樣的。

選擇500萬圓的話，最終拿到500萬圓及0圓的機率各半，所以期待報酬是250萬圓。選擇一千萬圓的話，最終拿到一千萬圓及0圓的機率各半，期待報酬為500萬圓。

圖6-1　問題　報酬二選一

		對方	
		500萬圓	1000萬圓
你	500萬圓	雙方皆得 500 萬圓	對方獨得 1000萬圓
	1000萬圓	你獨得 1000萬圓	雙方皆得 0萬圓

因此，純粹以數學的角度來說，選擇一千萬才是對的。這是以理性為出發點的行為模式。

但男女幾乎各有一半以上的人選擇500萬圓。

我要再強調一次，對方是一個完全不認識的陌生人。為什麼有辦法相信對方真的會選擇500萬圓呢？或許人與人之間的信任本來就是這麼一回事，但這並不是信任或不信任他人的主觀價值觀問題。選擇500萬圓與選擇一千萬圓的差別在於觀點不同。

選擇500萬圓的人，選的是「對彼此關係最佳的方案」，至於對方是什麼人，則是次要問題。選擇一千萬的人，選的是「對自己最有利的方案」。這兩者大不相同。我認為單身女性與已婚女性的差別，就在於會做出對個人還是對家庭最有利之選擇的「預設觀點的不同」。

話說回來，有超過半數的人選擇500萬圓這件事，就某方面來說其實是很危險的。正因為有這類人的存在，慣於壓榨他人的人永遠不會消失。慣於壓榨他人的人很清楚，會有過半數的人做出這種非理性、不合理的判斷，當遇到這類問題時便毫不猶豫地選擇一千萬，得意洋洋地將所有錢據為己有。

不過，有一位女性選擇一千萬圓的原因是「我選500萬圓的話，錢有可能全被對方拿走對吧？這種事我可受不了，那還不如大家都沒錢拿，所以就只能選一千萬啦。」換句話說，就是不希望出現對方佔便宜、自己卻吃虧的狀況。這種心態已經和自己的利益完全無關了。這位女性甚至表示，不管是1億圓還是10億圓，她的選擇都不會改變。

在這次調查中並沒有男性做出類似的回答，但這絕非女性獨有的心態，男性其實一樣也會有。「幸災樂禍」是人類常見的心理，也有很多人在看到別人以投機取巧的方式得到好處時，會極度地不悅。

舉例來說，你是工廠的作業員，組裝好一個產品可以得到一千圓的報酬。不過，你和A、B是同一組的，報酬是以3個人的組裝數量加總計算，最後再平均分給你們3人。你的手腳比較快，在規定時間內組了10個，A組了7個，但B只組了1個。總共組裝了18個，報酬1萬8千圓。由於要均分成三等分，因此你們3個人都是拿到六千圓。那麼，你會怎麼想？

你做了原本可以拿到1萬圓的工作，實際上卻只拿到了六千圓。A同樣也損失了一千圓。B只做了價值一千圓的工作，但卻可以拿到六千圓，等於多賺了五千圓。你會不會覺得不公平呢？

此時你有一個選擇。

你可以離開這一組，組裝產品所得的報酬由你一人獨拿，但組好一個產品的報酬會減為500圓。如果你像之前一樣做了10個，報酬就會是五千圓。那麼，你是否會選擇自己一個人做？還是繼續3個人一起做，領取分為三等分的報酬呢？

根據調查，約有4成單身的人，3成已婚的人會選擇只拿一半酬勞、自己一個人做。仔細想想，雖然自己會損失一千圓，但不能忍受的是讓B白白拿走自己的勞動成果，這樣感覺太差了。也就是說，比起錢，寧願選擇減輕心裡的不爽感覺。

這種損人不利己的行為被稱為「惡意行為」（由二〇〇五年時任職於大阪大學社會經濟研究所、東京工業品交易所市場結構研究所的經濟學家西條辰義所命名）。運用理性冷靜判斷的話，就知道這樣做很沒有道理。

原因出在情緒。

這是一種無法容忍自己不開心，也無法接受有人什麼事情都沒做卻能享受到好處的負面情緒。即使明知道自己會蒙受損失，但只要對方也一樣受到影響那就無所謂。毫無疑問這種行為是為情緒所推動，但當事人事後都會有一套說詞。以前面的例子來說，大概就是「自己辛苦工作所換來的報酬應該歸自己所有，沒道理讓沒付出的人佔便宜，所以這樣做是對的」之類的。

已故漫畫原作家小池一夫曾經發過這麼一條推文——我覺得社會上最近開始充斥著

「對那些吃的苦沒自己多的人感到不滿」、「即使自己吃虧也不想讓別人得到好處」、「只要能把別人踩在腳下，就算自己過得不好也沒關係」之類的扭曲觀念。人終究要懂得付出才會有回報。

我對小池先生的這番感嘆深感贊同，但遺憾的是，現在在網路上卻不時可以見到這種「打著正義之名，就算自己吃虧也要讓別人不好過」的行為。

或許有人會好奇，為什麼要做這種一點好處也沒有的事？但讓別人不好過的人其實是有得到好處的。雖然不是金錢上的報酬，但卻是可以滿足自己情緒的情緒報酬，也就是快感。所以這樣的事情才會一直在發生。

不然，稍微改變一下情境好了。

前面提到的500萬圓與一千萬圓的問題，如果對象由陌生人改成要好的朋友，那你會怎麼選？

我直接公布結果。76％的單身男性、85％的已婚男性，以及85％的單身女性、

90％的已婚女性都會選擇500萬圓。與之前的結果大不相同。選擇500萬圓的人有將近九成之多，且原因絕大多數都是「選一千萬圓的話，和對方就當不成朋友了。對方應該也是這樣想的，所以除了500萬圓外沒有其他選擇了。」就連前面提到的那位堅持要選一千萬圓的女性，這次也是選500萬圓。

題目再稍微更改一下。

之前都是只做一次選擇，如果可以一次又一次地選下去呢？

要是對方是陌生人，你第一次做選擇時選了500萬圓，結果一千萬圓全被對方拿走了，那你下一次還會選擇500萬圓嗎？

應該不會吧。因為賽局理論的實驗已經證明過了，在這種狀況下一般都會選擇一報還一報，對方之前怎麼對待自己──也就是選擇一千萬圓──自己也會用相同的方式回敬。這叫作「以牙還牙理論」。

「你要一直選一千萬圓的話，那我也奉陪。這樣兩個人一毛錢也拿不到喔！無所謂嗎？」一報還一報的行為中還隱含著這種心態。

但就算被你一報還一報，也不保證對方就會改便心意，選擇500萬圓。如果之後無論進行多少次選擇，雙方都是選擇一千萬圓的話，或許會出現沒有人能拿到錢的狀態。就算是一開始獨得一千萬圓的那一方，最後得到的錢也不會比一千萬圓更多。假設進行10次選擇的話，後面9次大概一毛錢也拿不到。

如果雙方是朋友關係，相信有九成的人會一直選擇500萬圓。如果從一開始時，雙方就都持續選擇500萬圓的話，10次之後，雙方就都能得到五千萬圓。

看到這裡你明白了嗎？若是一直重複進行選擇，最有利的策略是雙方都持續選擇500萬圓。換句話說，分享其實能帶來最多的回報。

這就是所謂的互惠。

現實生活中雖然不可能出現這種選擇500萬圓或一千萬圓的極端例子，但其實我們都是用這樣的思維在經營人際關係的。

也就是說如果想要最佳化自己的利益，不能只以自己或對方的視角來看待事物，必須綜觀全局、審視雙方的互動關係，那麼對方所得到的好處最終也將會回饋到自己身上。相反地，從頭到尾都選擇一千萬圓，只有自己得到好處的做法乍看之下好像很聰明，但大概成功一次之後就不會再奏效了。尤其是在長期相處的關係之中，沒有人會想要和這種對象朝夕相處的。

同樣的道理，為了讓對方得不到好處而不惜犧牲自己的利益；不僅沒有人受益，甚至所有人都吃虧的思維，同樣無法長時間維持。

從以上分析可以知道，無論另一個人是不認識的陌生人或是自己的朋友，從頭到尾都選擇500萬圓才是最有利的。但在實際生活中，任何人都可能為眼前的利益所迷惑，或是理性無法戰勝情緒反應。這也是無可奈何的事。

畢竟，人類並不是天生就會做出利他行為的。

「利己」與「利他」

人類是利他的動物，還是利己的動物？

亞當・格蘭特在《Give and Take》這本書中提出這個有趣的問題，以下介紹其中一小部分內容。

心理學家丹尼爾・巴森認為，人類是利他的動物。

他主張「在別人有困難時，只要發揮同理心，人就會變得無私無我。」處境愈是艱困，愈會引起他人的同情，產生強大的助人能量。這並不是因為幫助別人會讓自己感覺良好，而是真心為他人著想的緣故。

同樣是心理學家的羅伯・席爾迪尼則持相反的意見。他甚至斷言「世界上根本沒有純粹利他主義的人。」

席爾迪尼主張「看到有困難的人，我們會覺得難過、悲傷，感到不忍心。幫助他人是為了緩解這些負面情緒。」

但巴森不贊成這種說法。他認為「如果是為了緩解負面情緒的話，那麼只要選擇逃避、不去面對就好了。」簡單來說，就是視而不見。

巴森進行了一項實驗來支持自己的主張。

他讓參加實驗的人觀看女性遭受電擊的痛苦模樣。或許是因為看不下去了，有接近8成的人直接離開實驗室。但當參加實驗的人對遭受電擊的女性產生同理心後，離開房間的比例降到了14％。不僅如此，留在房間內的人甚至願意代替那名女性接受電擊。

巴森信心滿滿地主張「緩解內心的不舒服並不是助人的唯一原因」。換句話說，這種即使自己受苦也要幫助他人的自我犧牲精神正是利他的體現。

但席爾迪尼並未就此認輸，他認為實驗結果和利他精神無關。

席爾迪尼同意，人會因為同理心而做出幫助他人的行為。不過他認為「對於有困難的人抱持強烈的同理心，便會產生強烈的情感，這股情感會逐漸轉變成與對方的一體感，將有困難的人同化為自我，在對方身上看到自己的影子。」

在席爾迪尼看來，人之所以會幫助他人是因為這種機制；實際上並不是在幫助別人，而是在幫助自己。人會透過想像力將自己代入他人的遭遇，試圖感同身受。也就是進入對方的內心，在某種程度上與對方同化。所以席爾迪尼才會說這不是在幫助別人，而是在幫助自己。

兩位學者仍舊持續爭辯著。至於我，是完全支持席爾迪尼的說法。

席爾迪尼的主張與我之後要說明的「內心的多樣性」也有關聯。

人會與其他人見面、對話、進行交流，因為這些互動在自己的內心中會孕育出「透過與他人接觸而生成的自我」。與A互動而產生的自我、與B互動而產生的自我……每一個自我都不一樣，但全都是真正的自己。

許多行為就結果而言是助人，但出發點其實是想要幫助與他人接觸時所產生的「自己內在中的自我」。因為想幫助自己，所以不會有「我一個人犧牲就好」的念頭，也不會覺得「為什麼都是我在犧牲，太不公平了。」畢竟這些都是為了自己而做的。

我覺得將利他與自我犧牲連結在一起的論述，形同詐騙。

就像上一個單元提到的500萬與一千萬的例子，純粹利他的人到頭來只會被精於算計的壓榨者吃乾抹淨。也因為這樣，慣於壓榨他人的人很愛說「這是為了你好」之類的話。簡單來說，就是強迫推銷利他。要是少了願意利他的人，壓榨者可就傷腦筋了。

仔細想想就會明白，如果真的以利他為出發點，就不會硬要搬出利他的大道理來壓人，也不會強迫別人要照做了。

有一句話叫作「忘己利他」，出自著名的佛教高僧最澄。

這句話的意思為「不計較自身利益為他人謀福乃是最大的慈悲」，也就是把他人的事看得比自己的事還重要。秉持自我犧牲的精神為他人鞠躬盡瘁，在道德上來說當然無懈可擊，但我認為如果大家都想當這種人的話，最開心的恐怕是那些壓榨者。

這種「訴諸道德的教育」也只會以失敗收場。

霸凌無法從學校絕跡就可以證明這一點。「要為他人著想」、「要為他人奉獻」這類利他教育為何會失敗？原因在於認真聽進去這些大道理、實踐利他精神的人，被做不到這些事的人強迫犧牲、壓榨。

我奉勸大家不要再自我犧牲了。

由於自我犧牲被當成值得推崇的優良行為，忍耐被視為美德，一旦有人無法忍耐，就會有人跳出來指責「為什麼我們在忍耐，你卻沒有？罪該萬死！」

不計較自身利益、為他人奉獻，到頭來卻落到這樣的處境。

其實計算得失也沒什麼不好。但所謂的「得」，絕對不能只建立在他人的損失上。就像前面的賽局理論驗證過的，愈是想要長久維持自身的利益，就愈要確保對方的利益。只想獨佔利益，到手之後就落跑是短視近利的做法，還會失去他人的信任，到頭來彼此都蒙受損失。

要重視自己的得失，這樣才會不得不主動思考他人的利益。

單從個人的觀點出發是無法創造出最佳方案的，唯有與他人共創最大利益，個人的最佳結果才會浮現。

但只是照顧到彼此的利益是不夠的。

日本近江地方的商人有一項著名的理念叫作「三好」。意思是「對賣家好、對買家好、對大家好」，就是「做生意讓買賣雙方都滿意是理所當然的，但還要對社會有所貢獻才叫成功的生意」。這裡說的大家、社會應該也可以換成是「他人」。

如果以「三好」為出發點的話，就不會再有非黑即白、0或100、利己或利他之類只能二選一的思維，也不會有贏者全拿、自我犧牲，或必須評斷對錯的處境要面對。

我想，這個世界需要的不是利己主義或利他主義，而是對自己、對他人、對社會都好的「利多主義」吧。

「與社群連結」的新觀點

「對」與「錯」的二元對立觀點非常沒有建設性。

但在網路上卻每天都可以看到「你錯了！」的言論。一旦有人跟風助長聲勢，就會產生「錯誤的意見就該排除」的同儕壓力，讓以正義為名的暴力變得一發不可收拾。

只要有人做錯了事、說錯了話，與事件本身毫無關係，既非當事人、也非受害者的人就會高舉正義的大旗，異口同聲地逼人道歉。如果道歉的方式不合這些人的意，又會批評「道歉方式有問題」，讓事情永遠沒有落幕的一天。

正義什麼時候開始和個人的觀感、好惡畫上等號了？

自己心中有一把尺，判斷「這件事情是對還是錯」，以此當作人生的指標是無妨。我覺得這是每個人的自由。但硬逼著別人接受自己覺得對的事，那就是暴力了。

自己覺得對的事並不等於所有人也會覺得是對的。歷史也已經證明，所謂「對的」是非常脆弱、主觀的，絕不是放諸四海皆準的，也並非萬能。當時空背景或情境出現變化，昨天還是「對的」事到了今天就變成「錯的」例子比比皆是。

應該說，「對」與「錯」這種二元對立本身在社會上就是不成立的。與「你覺得對的事」相對立的是「另外一個某人覺得對的事」，其實並不存在「錯」的概念。

對於正義的爭論只有立場的不同，而沒有所謂「絕對的正義」這種東西。

以正義之名排除異己的行為並非源自「對與錯」，而是「你的感覺」。說穿了，不過就是用正義來包裝你的怒氣、憤恨，藉此來擊潰引發這些情緒的對象，讓自己獲得快感。但即便如此，人們往往還是喜歡抱著二元對立的觀點不放。對與錯、善與惡、喜歡與討厭、內與外、朋友與敵人、美與醜、可以與不可以、新與舊……等，世界上充斥著各種二元對立，但每一種二元對立都是——如果沒有後者的話，前者也不可能存在。

因為有敵人，所以才要結交朋友；因為有舊的東西，所以才會留意到新的東西。

換句話說，如果沒有和自己不一樣的人存在，其實是很傷腦筋的。

這其實也是「歸屬感社群」的概念，就某方面來說歸屬感社群的確提供了安全感，但這種安全感與排除共通敵人的歧視心態是一體的兩面。就算敵人都清除乾淨了也不會結束；沒有敵人的話，就會再從內部再製造出新的敵人。比起讓敵人嘗到苦頭，這種排除、歧視心態更大的目的是帶給自己安全感，這樣的情感讓人想要建立起對立以此來獲得安全感。二元對立是維護安全感的武器，少了這項武器就會感到不安。

已婚者與單身者之間的敵視、攻擊同樣也是為了維護自身的安全感而產生的，但這樣的對立已在不知不覺間造成了損失。要有大局觀——重點不是只想著掠奪他人的食物且馬上吃掉，而是能否具備與人分享、建立食物來源的觀點。無論是單身或有家庭的人、老年人或年輕人、窮人或富人、男人或女人，即使連對方的長相、名字都不知道，我還是相信雙方能為了相同的目的而攜手合作。

沒有血緣關係一樣可以組成家庭，沒有住在一起一樣可以組成家庭，也不是只有結了婚、生了小孩的人才可以養育小孩；這就是我所提倡的「具有連結的社群」的概念。

社會學家齊格蒙・鮑曼將過去的穩定社會稱為「固態社會」，將現代社會形容成

「液態社會」。固態社會是指在地域、職場、家庭等牢固的社群中，成員就像是其中的一個分子或零件，相互結合產生結晶體般的強度，藉此獲得安全感。然而，一旦失去了安全感這層防護罩，就會被丟進不穩定的液體中，有如船隻即將沉沒一般。

固態社會有其不自由的一面、行為也被限制在一定框架內；但相對地，成員會被告知要走哪一條路才安穩，才能得到社會給予的保護。液態社會正好相反：每個人都具有選擇該怎麼做的自由，也必須為自己的決定負全責。這會導致人與人之間的競爭，容易產生貧富差距。

這正是我們目前身處的「個人化社會」的樣貌。日本的不婚及離婚率在平成時代逐步攀升，可以說就是這種「給予個人選擇自由」所導致的結果。

未來不能光是依賴「歸屬感社群」，更重要的是放眼於「具有連結的社群」。

或許有人會問，「什麼叫與社群連結？」一般認為社群是指人所屬的群體，屬於某個群體所產生的歸屬意識提供了成員安全感。這樣說是沒有錯，但遺憾的是，過去牢不可破的地域、職場社群正逐漸消失，而家庭這個社群也在持續不斷地縮小中。

圖6-2　社群的形式

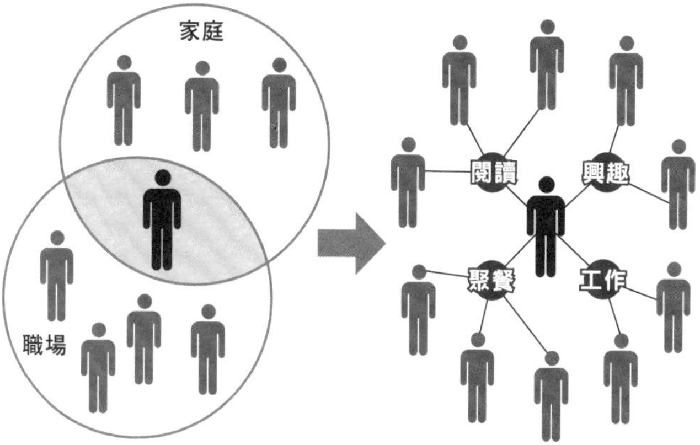

● 社群有如突觸，扮演提供連結的角色

也因為這樣，從結構上來看，已經沒有方法可以讓過去的歸屬感社群復活了。既然如此，那就不要執著於歸屬感，改成透過連結來建立社群。

如果是基於興趣而形成的社群，那就只有在從事這項興趣時與成員連結。如果是研究有興趣的東西或自我學習，就只在和同好交流時相互合作。理想的情形就是視狀況靈活重組所連結的社群。

這時候的社群將不再只是特定的地點或範圍，而是有如神經網絡中的突觸，提供與他人連結的媒介。如此一來，就算一個社群消失了，也不會因此而迷失自我。反而有可能隨著時間的推移，導致跟自己有連結的社群已全部換過一輪了。由於不再依賴歸屬感，因此每個人在精神面上都將變得更加獨立自主。在具有連結的社群中產生的「自我在社會層面的角色」會取代歸屬意識所提供的安全感，且這種角色會隨著連結數量變多變得更加多元。角色的多元化則會讓個人的內心更為充實。

換句話說，每個具有連結的社群都會讓我們的內在誕生出新的自我，並充實自我的內在情感。連結的對象既非家人也非朋友，這樣真的沒問題嗎？和毫不相干的陌生人就算建立再多的連結，對方就真的會和自己合作、幫助自己嗎？

這種批評確實有道理。

建立連結的對象如果是朋友當然很好，但也不用非得是朋友不可。我認為有時候朋友關係反而會使得彼此都顧慮對方，只做表面工夫粉飾太平。比起這樣，和完全沒有利害關係的陌生人建立連結，倒是常帶來正面的回報。美國的社會學家馬克・格蘭諾維特曾提出過「弱連結理論」。他認為，比起常在一起、具有深刻情感連結的人，不常相處、連結不強的人更能帶來有用且新奇的資訊或刺激。

未來，我們將比過去任何一個時代都更需要大量的「弱連結」。面對這種趨勢，我相信隨時與多個社群連結、獲得新的刺激、提升自我將會是主流。提升自我並不是指改變自己，而是補足自己的不足之處，這樣才會創造出內在的多樣性。

如果看到這裡還是不太懂的話，那就用一個具體的例子來說明吧。例如：閱讀一本書便可以是「具有連結的社群」。我希望大家在閱讀上能多方涉獵，不要只看自己喜歡的作者。不僅要多多閱讀不同作者的書籍，最好能在閱讀後寫下自己的想法、感受，不管是怎樣的內容都無妨。

透過書寫既可以與心中既有的價值觀對話，重讀寫下的東西還能再次確認內心中新生成的自己。有許多地方都有舉辦讀書會，我建議多參加這類型的活動，和其他看了同一本書的人進行交流。就算彼此素不相識，但只要看過一樣的書，相信一定能找到共通的話題。而且正是因為不認識，才可以更加暢所欲言。

另外，現在還有一個人也可以參加的揪團吃飯。這是一種讓陌生人聚在一起吃晚餐的媒合服務。參加這類活動不需要在意是不是能成為店家的熟客，而是用「一期一會」

的心態，嘗試與他人建立連結。去小酒館當然也可以，但我會建議選擇其他能以更自然的方式與人互動的店家。

我也很推薦旅行。大家往往以為旅行就是要去各種景點，但旅行的重點是「和只有在當地才能遇見的人互動」。我建議不妨多去一些不一樣的地方，向陌生人問路。也就是不要靠地圖，而是靠他人的指引來旅行。相信這樣一來便能開啟各種與他人對話、交流的契機。

許多將公司、工作當成唯一的中年大叔往往「不交換名片就不知道如何與他人說話」。這時就必須訓練自己拋開學歷、頭銜、年齡等，過去慣於依賴的標準，看看這樣是否能與陌生人順利交談。

由於對方是不認識的人，因此不需要炫耀自己。很多中年大叔之所以交不到朋友，就是因為總愛將這種炫耀心態展露出來。做這種事是沒意義的。沒有人認識你，也沒有必要表現得頑固不通。

其實近年來也有很多年輕人只能藉由頭銜或外在成就來獲得自信。把社群媒體的追蹤數當作看人的基準，這就是其中的一個例子。這代表你自己就是以頭銜、外在成就來評判他人的。和別人說話時，應該用「未來想做什麼」，而不是「做過什麼」、「能力如何」來開頭。

要用這種「無」的狀態面對他人、與人對話。這樣才能活化內在的自我、創造出內在的自我。這就等於從內在，而非外在建立提供安全感的社群。

不要四處尋找能提供安全感的棲身之所，而是應該在內在建立能夠提供安全感的社群。這才是內在社群，才會化作「能獨自一人活下去的能力」，達到精神上的獨立自主。

無論結不結婚，都要有「能夠獨自一人活下去的能力」

「能夠獨自一人活下去的能力」不是指能夠獨自一人在荒島生存的求生能力，而是相反地「與他人建立連結的能力」。這也不是指要多交朋友。建立連結的對象不一定是像朋友那樣關係親密的人。你要做的並非勉強自己去交朋友、培養興趣，或想方設法成為某個群體的一員，而是在日常生活中多建立「與他人的連結」，透過這些連結創造出更多「新的內在自我」，這樣才能充實自己的內在。

或許有些人極度畏懼與他人建立連結。有的人可能是害怕自己會因為與他人接觸而受傷，有的人是害怕自己會傷害到別人。的確，即使出發點是為了他人著想，自己的言行也未必全都能帶來正面作用。有時說話的人是出於善意，但結果卻傷害了對方。

大家都知道「如果不喜歡別人對自己這樣說話，自己也不要對別人這樣說話」的道理。但真正傷人的，往往是「我不介意別人對我這樣說話，所以我也可以對別人這樣說話」的心態。例如：要多努力、要再加油之類「滿滿正能量」的話便是如此。

不少人都深信「我所認定的正義或善意也適用於別人」。但世界上根本沒有絕對的正義，也不存在絕對的善。愈是認定「這樣做肯定不會錯」的人，愈會若無其事地殘忍對待他人，而且還一副理直氣壯的樣子。

你是否覺得「明明是出於善意，結果卻傷害到別人」這種事太沒道理了？那麼，如果因為可能會傷害到別人，就什麼也不說、什麼也不做會比較好嗎？

當然不是。

我希望大家認清一點，人與人之間本來就有大大小小的摩擦，本來就會互相傷害。

世界上有見到彼此的第一眼就一拍即合、互相理解的關係嗎？

或許確實存在。

但沒有人能保證這種狀態可以永遠地持續下去，你與對方的相識或共鳴也有可能招致他人的嫉妒或傷害到別人，而最終讓你自己受傷。

無論是善意還是惡意，人與人就是有可能會互相傷害。

你會因為這樣而認為「那乾脆不要和別人有連結比較好」嗎？

但其實正好相反。

有些事情要受過傷才會知道。

相信大家應該有看到書中的某句話，或聽到別人說的某句話時，心裡好像被戳了一下的經驗。因為如果沒受傷的話，就不會留下印象。如果受了傷，療傷能力會在不知不覺間發揮作用，試圖重生、變得比之前更強大。因為受過傷，所以才更加堅強。

這正是與他人連結之所以重要的原因。

無論是和這輩子或許都不會再見到的人唯一一次的相遇，或是和給你的第一印象很差的人相遇，這些在你心中留下傷痕的經驗，都是值得感激的。

相信大家都不想受傷、不想經歷不好的事。

如果是攸關性命的重傷當然應該要盡量避免。也不需要勉強自己和直覺告訴你不OK的人相處下去。打從一開始就心懷惡意想要傷害別人的行為更是不用說。

但因為這樣而害怕受傷，想要和所有人都保持距離，讓自己不受到傷害的做法才是最危險的。人生就是不斷地在與人的相處中受傷、重生。受傷是彼此互動過的證據，而且正因為知道受傷有多痛，所以才會懂得為他人著想、心意相通不是嗎？

你是否認為所謂的自立就是不依靠任何人、一切全憑自己呢？就算有心想要一切全憑自己，但你還是因為某個人做的某件事而得到了他人的幫助。每天三餐的食材就是一個例子。每個人都是依靠他人、仰賴他人的幫助而活下來的。

而且，你也可能也在不知不覺間幫助了別人。

不依靠任何人、一切全憑自己過日子是不可能的。就算真的有人什麼事都只靠自己，那也不叫自立，而是不折不扣的孤立。

什麼是「真正的我」？

沒有人了解「真正的我」。或許不少人都有這種煩惱。

大概也有很多人在聽到別人說：「原來你是這樣的人啊」的時候，心裡在大喊「不對！那才不是真正的我！」

可是，「真正的我」到底是什麼？

在別人面前的你不是「真正的你」嗎？

真是這樣的話，那你又是誰？

更進一步說，如果要求你「那請用自己的話來說明什麼才是真正的我」，你有辦法好好說明嗎？

我想應該很難。

若是辯才無礙的人，或許能滔滔不絕地陳述自己的一套說詞。但那難道不是把一堆理論串在一起，想辦法在邏輯上說得通而已嗎？

我先直接講結論，「真正的我」根本不存在。

愈是對「無可撼動的自我」、「獨一無二的個人特質」之類虛無飄渺的話深信不疑的人，會把自己逼得愈緊。

不要被「真正的我」之類的幻想迷惑了。

我們都想要正當化自己的選擇，因此才會在事後找藉口來合理化自己的行為，說一切並非出於意志，而是衝動之下所做的選擇。當然，一定也有出於自己意志的選擇。但無論是哪種情況，人就是有幫自己的選擇找正當理由的習性。這樣做是為了讓自己感到安心。

一百年前的明治民法成功打造了皆婚社會，在當時的空背景，庶民並沒有挑選結婚對象的餘地。許多人雖然是和父母所決定的對象相親結婚的，但仍舊與另一半白頭偕老，覺得自己過得很幸福。因為既然結了婚，那也只好多給些積極、正向的解釋。這不僅是個人的問題，還得讓社會在觀感上也給予正面肯定。

由於有地域、家庭這些穩定的社群，社群的存在與延續就代表了安全感。就某方面來說，等於是接受「用個人的不自由來交換群體的安全感」。畢竟那是只要是社群的成員，一輩子的安全感就能得到保障的時代。人只要在一兩處棲身之所扮演好自己的角色就行了。就這層意義而言，「察言觀色」也算是一種幫自己守護棲身之所的處世哲學。

不會改變、無可撼動的個人特質在這種環境下才是有意義的。

但未來就不一樣了。

曾預言「個體化社會」到來的社會學家鮑曼說過：「（我們）在個人層級上也必須依據所面對的人，像變色龍般不斷地做出改變。」

這絕不是要我們戴上各種面具或當個虛偽的人。我們活在各種人際關係之中，因此會隨著各種關係下意識地，且隨機應變式地改變「展現出來的樣貌」。在不同關係中表現出不一樣的自己是理所當然的，也不需要主張那個自己是「假的」。

更重要的是，人會因為與他人連結，而在不知不覺中創造出「因為與對方互動而誕生出的新的自己」。與愈多人連結，自己的內在就會有愈多的新生的自己。我將這稱為「自我內在的多樣性」。

當然，從各種人際關係之中創造出的每一個自己，全都是「真正的自己」。

也就是「一人多角」。

意思是認同在內在中有多個自己存在。因為與他人建立連結而誕生的各種角色，就等於是自己的調整能力、適應能力。在緊要關頭時，將會多出許多個可以依靠的自己，可能性也會多出數倍、數十倍。這種「自我內在的多樣性」與曾獲得芥川賞的作家平野一郎所提的「分人主義」也有共通之處。

對於創造自我內在多樣性的覺察，最終會在自己的內心建立起充滿各式各樣自我的內在社群。這也等同於在自己的內在打造「提供安全感的社群」。那是一個充滿了從人際關係中誕生的「無數的你」的世界。會因為孤獨而感到寂寞正是「自我內在中的自己」不足造成的。

請不要以為無論身在何方、面對什麼人，都不會改變、無可撼動的個人特質才是「真正的自己」。

受到這種幻想的束縛，會變得無法肯定其他狀態下的自己。

獨一無二的自己是不存在的，「你」其實有很多個。只要有了「有很多個自己」的觀點，就能以綜觀的角度看待自己，認清自己內在之中眾多的自己。

如此一來，便會懂得珍惜幫助你創造出「眾多的我＝自我內在的多樣性」的人。

有些年輕人很愛說：「想要找出真正的自己」。這其實不用跑去印度的偏鄉旅行，在日常生活中就可以遇見真正的自己，而且要多少有多少。

真正的自己會在與他人的連結之中不斷地誕生。

幸福的真諦

人與人的連結一開始只是一個小點。

不過，只要連結愈來愈多，點也會變成線；繼續擴大下去，線就會交織成布。

中島美雪的名曲《糸》的歌詞講的正是這件事。

前面提過，未婚的人對於幸福的感受較低，在這個單元我想重新探討一下「幸福是什麼？」這個主題。

幸福在日文寫作「幸せ」。

據說「幸」這個字的起源是「手銬」的象形字。銬上手銬，自由受到限制的狀態怎麼會和幸福有關？關於這一點有各種解釋，難以確定何者為真，其中一種是「手銬解開後重獲自由就等於是幸福」。我認為這種說法實在太過牽強附會了。

「幸」與「丸」合在一起是「執」。執著、固執等有「執」這個字的詞給人的感覺都不是很好。「丸」原本的意思是表示人跪地雙手往前伸的樣子。手伸出去的方向是代表手銬的「幸」，因此，不管怎麼看都像是在表現「自由被剝奪、無法逃脫」的狀態。

這樣看來，「幸」這個字的意思似乎不太好。

但其實日文將幸福寫作「幸せ」是江戶時代以後的事了，原本的寫法是「仕合」（「幸せ」與「仕合」的發音相同）。中島美雪的《糸》中用的也是「仕合」。如果進一步探究「仕合」的由來可以發現，原本其實是寫成「為合」的。「為」代表動詞「做」，因此將兩種動作、行為「合」在一起，就成了「幸福」的意思。

這樣感覺應該就比「幸」好多了吧？

換句話說，「兩個人一起做某件事」便是「幸福」。這原本是一個動詞，因此可以看出「幸福」一開始指的並不是一種狀態，而是「一起做某件事」的行為本身。

結婚、找到工作或擁有金錢的狀態不叫幸福。

我認為無論是結婚還是找到工作，都是要與某個人一起做某件事才算是幸福。至於錢，也是要用來與某個人做某件事才能算是幸福。

這裡說的某個人當然不僅僅侷限於異性，是同性的朋友也無妨。換句話說，幸福就是「與他人的連結」，重點在於「與建立連結的人一起做什麼？」

不只結婚，任何事都要做到「與某人一起做某件事」才能走向「幸福」。「能夠獨自一人活下去的能力」其實就是「與他人連結的能力」，最終化作「與自己連結的能力」。除非你是在汪洋中的孤島上，不然就算是未婚的單身人士或是喜歡獨活的人，都不應該忘記「與他人一起做某件事」這一點。

不幸福的人就像是獨自一人坐在蹺蹺板的一邊，只能一直維持著不動的狀態。就算再怎麼掙扎，一個人是沒辦法玩蹺蹺板的，一定要與別人建立連結才行。

許多人都以為坐在蹺蹺板上升不起來就是不幸福。其實不是這樣。

相反地，蹺蹺板往上升，將自己的身體帶到最高點也不算是幸福。就像在500萬圓的賽局理論說明過的，以長遠的眼光來看，建立在他人損失上的利益絕對不是真正的利益。「幸福」其實位在蹺蹺板上升、下降的過程中、稍縱即逝的中間位置；也就是和某個人一起做某件事所產生的瞬間的平衡狀態。這便是「幸福的瞬間」。因此「幸福」並不是在靜止的狀態下享受的，而是始終處於動態、一次又一次造訪的，就像不斷打上岸的浪花一樣。在感受「幸福」的過程中，可能會感覺像是置身雲端，也可能彷彿跌落谷底，這些全都是為了經歷中間狀態的施力點。

一起坐蹺蹺板的對象也不用都是同一個人。你自己也可能會在碰巧路過時，短暫坐上某個人的蹺蹺板。大家往往執著於幸福與不幸福、光明與黑暗之類的二元論，但其實不需要這樣。一切都只是過程之中的中間點，一切都是有連結的。

過去曾經有過不屬於某個群體、不是其中一份子的話，就無法與人建立連結的時代。雖然尋找歸屬只是起點，所屬關係得到承認才能安心，但這也是過去的「歸屬感社群」的優點之一。

但今後將不再僅憑所屬關係來建立社群、建立與他人的連結。未來將是即使不屬於某個群體，但只要彼此接上了，也能與人連結，透過一起做一件事得到安全感。這就是我所提倡的「具有連結的社群」，也可以說是回歸原點的「幸福」的樣貌。

以下就是一個實際建立起「具有連結的社群」的例子。

奈良縣橿原市有一間名為「元氣咖哩」的餐廳，原本就以一份咖哩只要200日圓的實惠價格著稱。不僅如此，如果顧客在消費金額外再多付200圓，餐廳會給一張餐券。顧客可以將餐券貼在餐廳的布告欄上，當地的小朋友來店裡時，就可以使用餐券免費享用咖哩了。店家將此餐券命名為「未來餐券」。

老闆齋藤先生表示：「我希望一個人的善意能夠幫助到另一個人的未來，因此推出了這個活動。」可以想像，購買未來餐券的顧客或是使用餐券的小朋友一定都很開心，而且使用餐券的小朋友也能具體感受到他人的溫暖而心懷感激。

雖然沒有實際上面對面的互相幫助，自己的行為依舊輾轉幫助到其他人，我認為這也是「具有連結的社群」的一種樣貌，也是人與人之間的連結。

這項措施有一個優點，就是幫「想為孩子們做些什麼，但又不知道該從何做起」的人提供了現成的管道；只要來店裡消費，再多付200圓就行了。遵循這樣的方式就能實際感受到別人的笑容，也能感受到自己在社會層面所扮演的角色，我覺得非常棒。

小朋友在肚子餓的時候可能很難開口向他人求助，但只要來這間餐廳就可以安心地吃咖哩。這也等於提供了一條可以自主行動、向他人表達謝意的管道。如果不好意思直接幫助別人，或是直接向他人尋求幫助的話，透過這種間接方式也比較容易跨過心中的門檻。最重要的是，不論對店家、顧客或是小朋友而言，得到的都是正面看待的眼光。

這正是所謂的「三好」。

就算沒有血緣關係、不是住在同一個屋簷下或是並非出入形影不離，都無妨，只要視需求、視狀況建立連結，在自己能力所及的範圍內互相幫助就好。我認為我們今後需要的正是這種管道。

就算彼此素不相識，我們也可以像這間咖哩餐廳一樣，為世界上的某個人盡一份心力，開端就是有如一個一個點的「具有連結的社群」。

這樣持續擴散、累積下去，眾人的行動就會連結成更大的新社群。這不是過去那種用圍籬或牆壁圍起來的封閉社群，也不是需要一天到晚見面的集會式社群，而是就算一生中僅有一次交集，也能為彼此的人生提供協助的社群。

不需要是夫妻、不需要是情侶、不需要是朋友，

就算沒有結婚、沒有小孩，什麼事都習慣自己一個人做，你也不是孤單一人。

每個人都可以為世界上的某個人盡一份心力。

每個人都可以成為對另一個人而言，無可取代的「具有連結的社群」。

「具有連結的社群」會在自我的內在創造出新的自己。

自我內在的多樣性能讓自己在社會層面上的角色更加多元、更加充實。

當你變得更加充實時，也會為你身邊的人帶來正面的影響。

這才是幸福的真諦。

結婚究竟會不會滅亡？

從歷史來看，日本人幾乎人人都結婚，那不過是一八八〇～一九九〇年前後這一百年的事。而這一百年的皆婚時代其實是很不尋常的，這與此前數千年的婚姻模式大不相同，皆婚並非日本人的原本文化。日本之所以能做到皆婚，與明治時期的時代背景有關。當時施行的明治民法以及工業化造成的職住分離等社會結構變化，成了皆婚的推手。除了過去牢不可破的地域社群外，又多了職場及分散化的家庭這兩種新的社群，這三種社群提供的安全感打造出有利於結婚的社會環境，使皆婚得以實現。

只要社會結構到位了，大家就會步入婚姻。雖然有人認為重點在於個人的價值觀，但形塑價值觀的是環境，而人又會在不知不覺中調整自己的價值觀，避免與社會產生衝突。

所以，該看的不是價值觀，而是結構。

而在現代，過去提供安全感的三個社群有兩個已經瓦解，僅存的家庭也變得非常微小。社群的結構搖搖欲墜，過去的婚姻模式將無法再繼續複製下去。

那麼，回到本書一開始的提問。

結婚究竟會不會滅亡？

的確，過去的婚姻制度在現代要維持下去是有困難的。但也不會因為這樣，婚姻就消失殆盡。

過去的婚姻在明治時代到第二次世界大戰以前，對個人而言充滿了不自由及限制。這段期間曾數度發生戰爭、重大災害，疾病也從許多父母手中奪走了子女。二戰結束後從相親結婚轉型到了戀愛結婚，但離婚增加的問題也隨之而來。即便如此，人們依舊步入婚姻、結為夫妻、養育子女，建立家庭，過生活。雖然家庭中的人數愈來愈少，規模已經縮減到「夫妻與子女」的最小單位了，但這種親密且具強大連結力的家庭社群是絕對不會消失的。

我曾在第4章談過已婚者的戀愛高手比例。已婚的人和單身的人一樣，戀愛高手都只有三成。

但這三成的人卻創造了45%的婚姻。

如果是談戀愛的話，高手大概都會和高手在一起，但結婚就不一樣了。只有一半的戀愛高手會和同樣是高手的人結婚。有一半的男性戀愛高手是和女性戀愛小白，一半的女性戀愛高手是和男性戀愛小白步入禮堂的。人與人的結合實在是不可思議。

所有人都結婚的時代應該已經回不去了。不過，沒有人要結婚，全國都是單身男女的情況也不可能發生。婚姻會延續下去還是會消失，不是二選一的問題。也不是非黑即白，或孰是孰非的問題。舊有的事物仍持續存在的同時，新的事物也會像拍上岸的浪花般不斷地誕生，這就和與他人連結會讓自我內在誕生出新的自己是一樣的道理。

我們也不該再堅持家裡的事不可假手家庭成員以外的人，或被「只有家庭可以依賴」的觀念逼得喘不過氣。

相同的道理也適用於單身的人。

就像過去曾發揮互助共同體作用的血緣及地緣關係，為了保護自己的家庭，我們也必須充實「具有連結的社群」。但依賴的對象不一定非得是家庭這個框架中的人。至少，未來肯定是有一半的人口為單身人士的時代，有家庭的人與單身的人各佔一半。彼此的關係不是劍拔弩張，也不是其中一方壓榨另一方，而是設法建立起能讓彼此都獲益的連結。

無論如何，由於社群的結構變了，今後人生的結構也會變得不一樣。能夠提供安全感的社群恐怕只剩下家庭，但家庭也不能侷限於所屬關係，必須廣泛建立連結。

無論想不想結婚、有沒有小孩、自己住或是與別人同住，每個人對他人而言都是提供連結的點，每個人都可以成為創造出「社會之中的新連結」的樞紐。我希望在今後的時代，「具有連結的社群」在社會上能發揮將人與人連結起來的作用。

「提供支撐的人」與「被支撐的人」

其實還是有批判我的論點的人。如果結婚的人變少了，就會導致少子化，最終走向人口減少。這些人提出警告：人口減少將造成勞動力不足，不僅象徵國力的GDP會下跌，高齡化的人口比例還會加重15～64歲的生產人口的負擔，難以為繼。

根據內閣府的「二〇一八年版高齡社會白皮書」，每名65歲以上高齡者相對的生產人口（15～64歲者）在二〇一五年為2.3人，到了二〇六五年將銳減為1.3人。這代表每名生產人口幾乎都得負責支撐起1名高齡者的生活。但其實這項計算不夠全面，需要扶養的不只是高齡人士，應該把0～14歲的孩童也算進去。如果加上孩童重新計算的話，早在二〇一五年時就已經是每名孩童或高齡人士僅靠1.5名生產人口來支撐的狀況了。這時候必須用多元觀點來檢視這個議題。

以15～64歲的年齡來定義生產人口是沒有意義的。當然不可能所有15～64歲的人都在工作，而且因為升學率變高的關係，15～19歲的人有八成以上為無業。

而且以現在的年齡組成來看，65歲以上的就業人口其實是最多的。二〇一七年的65歲以上就業數為858萬人，創下了日本史上最高的紀錄。不被列入生產人口的高齡人士投入工作的人反而最多。我認為重點不在年齡，而是有在工作的人能給予無法工作的人（包含孩童、高齡人士以及出於疾病等因素無法工作的青壯年族群等）多大程度的支撐。我根據二〇一七年就業結構基本調查進行了以下計算。

（15歲以上就業人口）÷（所有年齡無業人口）×100％＝就業人口依賴指數

簡單來說，「就業人口依賴指數」就是每一名無業人口（包括孩童在內）必須由多少名就業人口來支撐。若以包括0～14歲的生產人口依賴指數來看，與達到高峰的一九九〇年代初的泡沫經濟時期相比，如今已銳減至一半以下。由於高齡人口比例增加，理所當然會有這樣的結果。至於就業人口依賴指數方面，從一九五〇年代到現在反而是上升的；最高峰和生產人口依賴指數一樣，都是在泡沫經濟時期，當時每名無業人口是由1.1名就業人口支撐。

圖6-3　就業人口依賴指數在未來幾乎不會改變

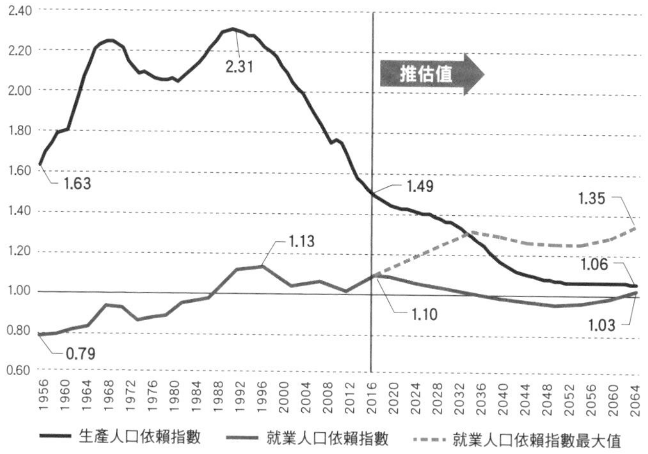

作者根據就業結構基本調查及社人研「2018年未來人口推估」自行製作而成。
就業人口依賴指數最大值為假設2017年時之有意願就業者全數順利就業之試算。

在此之前的一九五〇～一九八〇年，是每名就業人口要支撐超過1名無業人口的時代，其實就業人口在過去的負擔反而比較大。

若參考今後各年齡層的人口減少推估，並假設二〇一七年時的各年齡層就業率維持不變的話，就算總人口減少為原來的一半，就業人口依賴度也幾乎不會產生變化。換句話說，即使人口的絕對數量減少了，依舊能夠維持提供支撐的人與被支撐的人之間的平衡關係。另外，二〇一七年就業結構基本調查也列出了「雖然現在無業，但希望能馬上工作」的有意願就業者數量，這批潛在勞動力男女合計有862萬人之多。

期待這些人全部投入職場雖然只是理想，但純粹就計算而言，要是這些人全部都就業的話，二〇三五年時，就業人口依賴指數將超越生產人口指數，每名無業人口有1.3名就業人口支撐。因此，我認為不該單純以年齡結構來做判斷，而是要改變觀點，只要每名有在工作的人能支撐一名（無論什麼原因）無法工作的人就行了。如此一來，結婚的夫妻可以支撐起兩名子女，單身的人也只要支撐一名無法隨心所欲工作的高齡者即可。當然，每名就業人口的收入、繳納的稅都不一樣，高齡者的工作表現也不能與年輕人等而視之，但我認為，這至少比無視於有無工作的生產年齡人口指標有意義。

再強調一次，日本的人口減少與高齡化是無可避免的，但也不需要只聚焦於這一點，悲觀以對。比起如何支撐佔大宗的高齡人士，更重要的是如何讓高齡人士發揮支撐他人的作用、打造出能讓高齡人士帶著成就感工作的環境。我認為這才是工作文化真正需要改革的地方。

對於有工作意願的高齡人士而言，工作也有助於維持健康及防止目前愈來愈多的熟年離婚。這是因為工作會讓人與他人產生連結，並有機會親身感受到自己在社會層面上所扮演的角色。高齡男性之所以容易孤獨死或是罹患疾病，原因就出在缺乏「在社會層面扮演的角色」。當一個人發現自己對他人毫無貢獻時，心靈會比肉體更快迎來死亡。此外，改善高齡就業率能夠延後開始給付年金的時間、重新檢討給付資格、提高高齡人士醫療費用的自負額等，為解決社會保險支出提供一條出路。

在探討人口減少問題時，社會輿論總會出現「不結婚的人太自私」、「不生小孩是不對的」等聲音。我要再說一次，把不結婚、不生小孩的人當成只想不勞而獲的人，製造「家庭VS單身」、「有小孩VS沒小孩」的對立是毫無建設性的。

未來將會是雖然人口減少，但工作的人變多的社會。能夠支撐他人的高齡人士比接受他人支撐的高齡人士更多。大家都會瞭解，無論有沒有結婚、有沒有小孩，只要有工作，你就還能支撐起自己以外的另一個人。這會是一個雖然只是為自己工作、為自己消費，但最終卻能幫到其他人的正向循環的社會。

我希望自己一直提起的「與他人具有連結的社會」會是一個這樣的社會。

除了政治以外，商業領域也出現了情緒導向的情感主義洪流。像是廠商因為有消費者不滿廣告拍攝手法而被迫道歉、撤換廣告；或是即將上映的電影、電視劇因劇中演員涉及違法行為，只得延期或取消上映等。

當然，在某些案例中，外界的批評是具正當性的。但也有一些案例會讓人懷疑「真的需要如此大做文章嗎？」姑且不論這種現象的是與非，重點在於憤怒、厭惡等負面情緒具有凌駕於喜歡等正面情緒之上的力量。人往往在面對令自己不悅的事物、討厭的事物時，反倒能有條理、有邏輯地進行說明。

但並不能因此就說這些是冷靜的判斷。當「不悅的情緒」已經存在，為了正當化自己的厭惡，會想辦法要趕快編排出一套道理。不這樣做的話，不悅的情緒會在心中蔓延，頭腦也無法運作了。

這樣編排出的道理，會不知不覺地帶著偏差。

透過這種機制以表面性的理論迅速武裝起不悅的情緒，搶下「自己是對的」這面錦旗。嚴格講起來，問題不在於對或錯，只是要讓自己的情緒顯得是對的罷了。

換句話說，這已經不是「對VS錯」之爭，而只是「憤怒VS憤怒」之爭。在結婚議題上，已婚與單身人士之間的對立也可以說是這種憤怒的情感主義造成的。將意見或價值觀與自己不同的人視作仇敵，認為攻擊或排除異己的行為是正義之舉，彼此爭鋒相對的狀態一點也不健康。

許多人雖然口中整天高喊多元，但卻不願接受別人的多元。我認為這是因為這些人沒有察覺到「自己的內在也是多元的」。

多元並不是「每個人彼此不同」，而是「一個人的內在也可以有各種面向」。我相信，若能理解這種「自身內在的多樣性」，自然就能理解他人的多元，而變得更為寬容。

許多未婚的人似乎都有自我否定的心態，認為「自己不知如何談戀愛」、「不會有人會愛自己」。我們該做的，不是以攻擊的態度批判這些人「竟然連談戀愛都不會」、「不懂得愛人的人沒救了」，也不是逼這些人結婚、加入自己的社群成為其中一員。首先要思考的是，該怎麼做才能讓這些人愛自己。

基本上，夠體貼他人有一個重要前提，那就是懂得愛自己。連自己都沒有辦法愛的話，是沒有餘力愛別人的。

當然，懂得愛自己和只想愛自己是完全不一樣的。

愛自己是疼惜自己，因為有從內在湧出的疼惜，所以能體貼他人。懂得愛自己也等於能用全面的角度客觀地看待自己，落實觀點的多元化。除了自己以外，對於面對的人、外界、社會也要做到觀點的多元化。只要能做到這一點，他人、社會最終將會帶來回報。

以戀愛來比喻的話，假設你喜歡某個人，這種情感是有了「與對方相處時誕生出的我」，而你喜歡「那個狀態的自己」所產生的。因為喜歡「和他在一起時的我」，如果少了創造出那個我的他，一切就不對了。你喜歡有你、有他，和他「一起做某件事」而誕生的自己。

這不正是「幸福」嗎？

於是你想要為對方做些什麼，因為愈是看到對方開心的樣子，由此誕生出的自己也會愈開心。這就是愛自己。

女星蒼井優在二〇一九年春天傳出與諧星山里亮太結婚的消息，令全日本為之震驚。當時，蒼井優的友人Hyadain發了一則推文，公開蒼井優與自己的對話，引發許多的討論。

朋友告訴我：「『喜歡和誰在一起時的自己』比『自己喜歡誰』更重要。」我覺得很有道理，所以寫在這邊。

這則推文中提到的「朋友」正是蒼井優。真是一段佳話啊。

可見蒼井優應該很喜歡和山里亮太在一起時的自己。

就算你沒有交往的對象、結婚對象，但一定會有「讓你喜歡上自己的某個人」。即使你身邊現在沒有這個人，未來也一定會出現，而且過去應該也已經出現過了。

在你的內心，應該有因為在人生中與各式各樣的人相遇而誕生的你。活得愈久，你的內在便有愈多個自己。那絕對不是你獨自一人憑空創造出來的，而是要歸功於曾與你建立連結的其他人。

這樣說來，你和多少人有過連結，你的內在就有多少個新生的自己。

笑一笑吧！付出你的愛吧！

帶著笑容擁抱你的內在之中，眾多新生的自己吧！

所謂的愛自己就是這麼一回事。

荒川和久

・『上級国民　下級国民』
橘玲／小学館新書（2019）
・『江戸の恋 ―「粋」と「艶気」に生きる』
田中優子／集英社新書（2002）
・『ファスト＆スロー あなたの意思はどのように決まるか？』
（上・下）
ダニエル・カーネマン／ハヤカワ・ノンフィクション文庫（2014）
・『ふつうの非婚出産 シングルマザー、新しい「かぞく」を生きる』
櫨畑敦子／イースト・プレス（2018）
・『歴史人口学の世界』
速水融／岩波現代文庫（2012）
・『FACTFULNESS
10の思い込みを乗り越え、データを基に世界を正しく見る習慣』
ハンス・ロスリング、オーラ・ロスリング、
アンナ・ロスリング・ロンランド／日経BP（2019）
・『私とは何か　「個人」から「分人」へ』
平野啓一郎／講談社現代新書（2012）
・『平安朝の女と男　貴族と庶民の性と愛』
服藤早苗／中公新書（1995）
・『幕末江戸社会の研究』
南和男／吉川弘文館（1978）
・『日本の「安心」はなぜ、消えたのか
社会心理学から見た現代日本の問題点』
山岸 俊男／集英社インターナショナル（2008）
・『利己的な遺伝子　40周年記念版』
リチャード・ドーキンス／紀伊國屋書店（2018）

参考書籍、参考文獻

・『平成家族　理想と現実の狭間で揺れる人たち』
朝日新聞取材班／朝日新聞出版（2019）
・『GIVE & TAKE「与える人」こそ成功する時代』
アダム・グラント／三笠書房（2014）
・『結婚しない男たち　増え続ける未婚男性「ソロ男」のリアル』
荒川和久／ディスカヴァー携書（2015）
・『超ソロ社会　「独身大国・日本」の衝撃』
荒川和久／ PHP 新書（2017）
・『ソロエコノミーの襲来』
荒川和久／ワニブックスPLUS新書（2019）
・『三田村鳶魚　江戸生活事典』
稲垣史生編／青蛙房（1959）／新装版（2007）
・『危険社会　新しい近代への道』
ウルリヒ・ベック／法政大学出版局（1998）
・『愛するということ 新訳版』
エーリッヒ・フロム／紀伊國屋書店（1991）
・『江戸時代』
大石慎三郎／中公新書（1977）
・『定本 昔話と日本人の心〈物語と日本人の心〉コレクション　Ⅵ』
河合隼雄／岩波現代文庫（2017）
・『人口から読む日本の歴史』
鬼頭宏／講談社学術文庫（2000）
・『リキッド・モダニティ　液状化する社会』
ジグムント・バウマン／大月書店（2001）
・『三くだり半と縁切寺　江戸の離婚を読みなおす』
高木侃／講談社現代新書（1992）
・『「集団主義」という錯覚　日本人論の思い違いとその由来』
高野陽太郎／新曜社（2008）

參考網站

・一般社団法人日本少額短期保険協会　孤独死対策委員会
「第4回孤独死現状レポート」
http://www.shougakutanki.jp/general/info/2019/report_no.4.pdf

・第一生命経済研究所　60～79歳の男女600名に聞いた
「人付きあいに関する意識調査」
http://group.dai-ichi-life.co.jp/dlri/ldi/news/news1502.pdf

・NHK放送文化研究所　第10回「日本人の意識」調査（2018）
結果の概要
https://www.nhk.or.jp/bunken/research/yoron/pdf/20190107_1.pdf

・衆議院調査局第三特別調査室　縄田康光（2006）
「歴史的に見た日本の人口と家族」
http://www.sangiin.go.jp/japanese/annai/chousa/rippou_chousa/backnumber/2006pdf/20061006090.pdf

・日本人は「いじわる」がお好き?!　西條辰義（2005年）
https://drive.google.com/file/d/1rqxGz5KrckIsASc5w5BDXYuQE1JGBMB8/view

・Disclosing information about the self is intrinsically rewarding
Diana I. Tamir and Jason P. Mitchell　2012
https://www.pnas.org/content/109/21/8038

作者簡介

荒川和久

早稻田大學法學院畢業。
曾於廣告公司負責汽車、飲料、啤酒、食品等不同類型企業的業務，並擔綱吉祥物開發及特產直營店、餐廳營運等工作。
身為單身生活研究的第一人，活躍於日本國內外電視、廣播、報紙、雜誌、網路媒體等。
著作包括《超單身社會》、《結婚しない男たち》（DISCOVER携書）、《ソロエコノミーの襲来》（WANI BOOKS PLUS新書）等。

結婚滅亡
超單身時代來臨，不婚是罪大惡極嗎？

出　　版／楓葉社文化事業有限公司
地　　址／新北市板橋區信義路163巷3號10樓
郵政劃撥／19907596 楓書坊文化出版社
網　　址／www.maplebook.com.tw
電　　話／02-2957-6096
傳　　真／02-2957-6435
作　　者／荒川和久
翻　　譯／甘為治
責任編輯／陳鴻銘
內文排版／楊亞容
港澳經銷／泛華發行代理有限公司
定　　價／350元
出版日期／2023年10月

國家圖書館出版品預行編目資料

結婚滅亡：超單身時代來臨，不婚是罪大惡極嗎？/ 荒川和久作；甘為治譯. -- 初版. -- 新北市：楓葉社文化事業有限公司, 2023.10　面；　公分

ISBN 978-986-370-603-8（平裝）

1. 婚姻 2. 兩性關係 3. 日本

544.3　　112014546